全国交通运输职业教育教学指导委员会规划教材
教育部中等职业教育汽车专业技能课教材

Qiche Cheshen yu Fushu Shebei

汽车车身与附属设备

全国交通运输职业教育教学指导委员会
中国汽车维修行业协会　组织编写
　　胡建富　马　涛　主　编

人民交通出版社股份有限公司
China Communications Press Co.,Ltd.

内 容 提 要

本书为全国交通运输职业教育教学指导委员会规划教材，共五个学习任务。主要内容为：认识车身结构、认知车身结构安全设计区域、车身螺栓连接件的拆装、车身卡扣连接件的拆装和车身胶粘件的拆装。

本书可作为中等职业教育汽车车身修复专业、汽车美容与装潢专业的教材，也可作为其他汽车类专业的教学参考资料。

图书在版编目（CIP）数据

汽车车身与附属设备 / 胡建富，马涛主编. —北京：人民交通出版社股份有限公司，2017.3

全国交通运输职业教育教学指导委员会规划教材. 教育部中等职业教育汽车专业技能课教材

ISBN 978-7-114-12286-6

Ⅰ.①汽… Ⅱ.①胡… ②马… Ⅲ.①汽车—车体—中等专业学校—教材②汽车—车体—附件—中等专业学校—教材 Ⅳ.①U463.8

中国版本图书馆 CIP 数据核字（2015）第 120930 号

书　　　名：	汽车车身与附属设备
著 作 者：	胡建富　马　涛
责任编辑：	翁志新
出版发行：	人民交通出版社股份有限公司
地　　　址：	(100011)北京市朝阳区安定门外外馆斜街 3 号
网　　　址：	http://www.ccpress.com.cn
销售电话：	(010)59757973
总 经 销：	人民交通出版社股份有限公司发行部
经　　　销：	各地新华书店
印　　　刷：	北京市密东印刷有限公司
开　　　本：	787×1092　1/16
印　　　张：	9.5
字　　　数：	209 千
版　　　次：	2017 年 3 月　第 1 版
印　　　次：	2021 年 1 月　第 2 次印刷
书　　　号：	ISBN 978-7-114-12286-6
定　　　价：	22.00 元

（有印刷、装订质量问题的图书由本公司负责调换）

编审委员会

主　　任：王怡民(浙江交通职业技术学院)
副 主 任：刘建平(广州市交通运输职业学校)　　杨经元(云南交通技师学院)
　　　　　赵　琳(北京交通运输职业学院)　　　张京伟(中国汽车维修行业协会)
　　　　　陈文华(浙江交通职业技术学院)　　　王凯明(中国汽车维修行业协会)
特邀专家：朱　军(中国汽车维修行业协会)　　　魏俊强(北京祥龙博瑞汽车服务有限公司)
　　　　　张小鹏(庞贝捷漆油(上海)有限公司)　刘　亮(麦特汽车服务股份有限公司)
委　　员：(按姓氏笔画排序)
　　　　　毛叔平(上海市南湖职业学校)　　　　王　健(贵阳市交通技工学校)
　　　　　王彦峰(北京交通运输职业学院)　　　王　强(贵州交通职业技术学院)
　　　　　占百春(苏州建设交通高等职业技术学校)　刘新江(四川交通运输职业学校)
　　　　　刘宣传(广州市公用事业技师学院)　　齐忠志(广州市交通运输职业学校)
　　　　　吕　琪(成都工业职业技术学院)　　　李　青(四川交通运输职业学校)
　　　　　李雪婷(成都汽车职业技术学校)　　　李春生(广西交通技师学院)
　　　　　李文慧(新疆交通职业技术学院)　　　李　晶(武汉市东西湖职业技术学校)
　　　　　陈　虹(浙江交通技师学院)　　　　　陈文均(贵州交通技师学院)
　　　　　陈社会(无锡汽车工程中等专业学校)　张　炜(青岛交通职业学校)
　　　　　杨永先(广东省交通运输高级技工学校)　杨承明(杭州技师学院)
　　　　　杨建良(苏州建设交通高等职业技术学校)　杨二杰(四川交通运输职业学校)
　　　　　陆松波(慈溪市锦堂高级职业中学)　　何向东(广东省清远市职业技术学校)
　　　　　邵伟军(杭州技师学院)　　　　　　　周志伟(深圳市宝安职业技术学校)
　　　　　林育彬(宁波市鄞州职业高级中学)　　易建红(武汉市交通学校)
　　　　　林治平(厦门工商旅游学校)　　　　　胡建富(浙江交通技师学院)
　　　　　赵俊山(济南第九职业中等专业学校)　赵　颖(北京交通运输职业学院)
　　　　　荆叶平(上海市交通学校)　　　　　　郭碧宝(广州市交通技师学院)
　　　　　姚秀驰(贵阳市交通技工学校)　　　　崔　丽(北京市丰台区职业教育中心学校)
　　　　　曾　丹(佛山市顺德区中等专业学校)　蒋红梅(重庆市立信职业教育中心)
　　　　　喻　媛(柳州市交通学校)
秘 书 组：李　斌　翁志新　戴慧莉　刘　洋(人民交通出版社股份有限公司)

前言

为深入贯彻落实全国职业教育工作会议精神和《国务院关于加快发展现代职业教育的决定》，促进职业教育专业教学科学化、标准化、规范化，教育部组织制定了《中等职业学校专业教学标准（试行）》。全国交通运输职业教育教学指导委员会具体承担了汽车运用与维修（专业代码082500）、汽车车身修复（专业代码082600）、汽车美容与装潢（专业代码082700）、汽车整车与配件营销（专业代码082800）4个汽车类专业教学标准的制定工作。

根据教育部《关于中等职业教育专业技能课教材选题立项的函》（教职成司函[2012]95号）文件精神，人民交通出版社申报的上述4个汽车类专业技能课教材选题成功立项。

2014年10月，人民交通出版社联合全国交通运输职业教育教学指导委员会、中国汽车维修行业协会在北京召开了"教育部中等职业教育汽车专业技能课教材编写会"，并成立了由全国交通运输职业教育教学指导委员会领导、中国汽车维修行业协会领导、知名汽车维修专家及院校教师组成的教材编审委员会。会上，确定了4个汽车类专业34本教材的编写团队及编写大纲，正式启动了教材编写。

教材的组织编写，是以教育部组织制定的4个汽车类专业教学标准为基本依据进行的。教材从编写到成稿形成以下特色：

1. "五位一体"的编审团队。从组织编写之初，就本着"高起点、高标准、高要求"的原则，成立了由国内一流的院校、一流的教师、一流的专家、一流的企业、一流的出版社组成的五位一体的编审团队。

2. 精品化的内容。编审团队认真总结了中职院校的优秀教学成果，结合了企业的职业岗位需求，吸收了发达国家的先进职教理念。教材文字精练、插图丰富，尤其是实操性的内容，配了大量实景照片。

3. 理实一体的编写模式。教材理论内容浅显易懂，实操内容贴合生产一线，将知识传授、技能训练融为一体，体现"做中学、学中做"的职教思想。

汽车车身与附属设备

4. 覆盖全国的广泛适用性。本套教材充分考虑了全国各地院校的分布和实际情况,涉及的车型和设备具有代表性和普适性,能满足全国绝大多数中职院校的实际需求。

5. 完善的配套。本套教材包含"思考与练习""技能考核标准",并配有电子课件和微视频,以达到巩固知识、强化技能、易教易学的目的。

《汽车车身与附属设备》是本套教材中的一本。本书以企业实际工作任务为依据构建知识和技能模块,突出技能训练和学习能力的培养。教材取材合理,难易程度适中,图文并茂,适合中职学校学生学习使用。

本书的编写分工为:浙江交通技师学院的胡建富老师编写了学习任务1、学习任务4,佛山市顺德区中等专业学校的马涛老师编写了学习任务2,佛山市顺德区中等专业学校的黄鸿涛老师编写了学习任务3,浙江交通技师学院的郑红胜编写了学习任务5。全书由胡建富和马涛担任主编。本书在编写过程中,得到了部分企业专家和学校老师的支持,在此表示感谢。

限于编者水平,又是完全按照新的教学标准编写,书中难免有不当之处,敬请广大院校师生提出意见和建议,以便再版时完善。

编审委员会
2016 年 3 月

目录 Contents

学习任务1　认识车身结构···1
　一、理论知识准备··1
　二、任务实施···12
　三、学习拓展···16
　四、评价与反馈··17
　五、技能考核标准···18

学习任务2　认知车身结构安全设计区域···19
　一、理论知识准备···19
　二、任务实施···29
　三、学习拓展···31
　四、评价与反馈··32
　五、技能考核标准···33

学习任务3　车身螺栓连接件的拆装··34
　一、理论知识准备···34
　二、任务实施···46
　三、学习拓展···58
　四、评价与反馈··63
　五、技能考核标准···64

学习任务4　车身卡扣连接件的拆装··65
　一、理论知识准备···65
　二、任务实施···71
　三、学习拓展···107
　四、评价与反馈··116
　五、技能考核标准···117

学习任务5　车身胶粘件的拆装··120
　一、理论知识准备···121
　二、任务实施···129
　三、学习拓展···137
　四、评价与反馈··140
　五、技能考核标准···142

参考文献···143

学习任务1　认识车身结构

学习目标

知识目标

1. 掌握非承载式车身各构件的名称、连接关系和作用；
2. 掌握承载式车身(FF和FR类型)各构件的名称、连接关系和作用。

技能目标

1. 能区分不同类型的车身结构；
2. 会介绍车身覆盖件的名称和用途；
3. 会介绍车身结构件的名称和用途；
4. 能熟知车身主要构件的安装部位、连接关系及特点。

建议课时

12课时。

任务描述

一辆轿车因车速过快,发生侧翻事故,如果你是车身修复技术人员,维修前,需准确地识别钣金件和结构件的损伤情况,并根据车身维修标准,对损伤件作出修理或更换的恰当选择。

一　理论知识准备

车身是汽车的基础,汽车上的大部分零部件安装在车身或车架上。按车身受力情况不同,可将其分为承载式车身和非承载式车身。

非承载式车身有独立的车架,车身安装在车架上,它们之间垫有橡胶垫,载荷主要由车架承受,车身不承受大的载荷。

承载式车身没有独立的车架,发动机和底盘各总成均安装在车身上,全部载荷由车身承受。承载式车身将车身视为一个应力薄壳结构,作用在车身上的载荷不是集中于一点,而是分散到整个车身上。

（一）非承载式车身结构

1 非承载式车身概述

在非承载式车身的构造中,车架是汽车的"基础",车身和汽车所有主要零部件都固定在车架上。车架上有足够强度的支座,各部件可以固定在上面。车架还必须有足够的坚固度,在发生碰撞时能保持汽车其他部件的正常位置。对车身修理人员而言,车架是汽车最重要的部分。

传统的车架是一个独立的部件,因为它没有与车身外壳任何主要部件焊接在一起。车身通常用螺栓固定在车架上,用大的特制橡胶垫块放置在车架与车身之间,来减少进入乘客室内的噪声和振动,如图1-1所示。在豪华汽车上,车身与后车架之间安装了减振器,汽车高速行驶时,它将振动减至最小。当修理装有这种减振器的汽车时,应当小心不要损坏减振器。

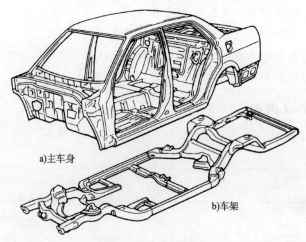

a)主车身　　b)车架

图1-1　车架和主车身

大多数传统的车架后部宽、前部窄,前部窄的构造能使汽车便于转弯,后部宽的构造为汽车提供较好的支撑。非承载式车身汽车的其他特点是：

(1)负载引发的振动通过车架传递到车身,因而乘坐平稳。

(2)橡胶垫在车身与车架之间隔离振动,因而车内安静。

(3)在碰撞时大量能量被车架吸收。

(4)悬架和传动部件可以很快地被装配在基座车架上。

(5)用1.6～3 mm厚的钢板做成重型车架。

(6)车身的离地距离通常较高。

2 常见车架的类型

汽车常见车架有以下三种类型：梯形车架、X形车架和框式车架，见表1-1。

常见的车架类型　　　　　　　　　表1-1

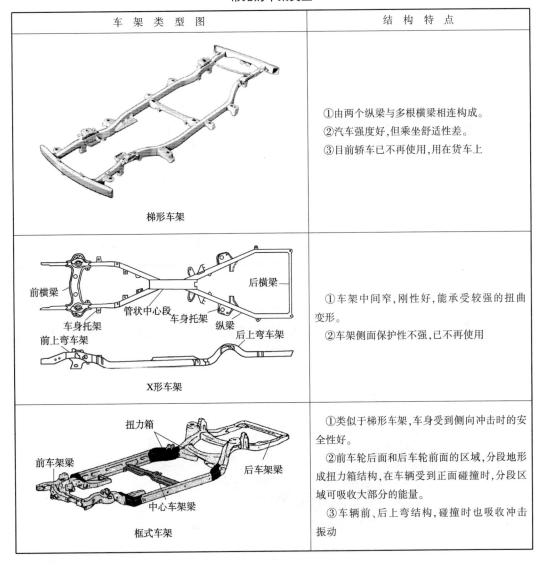

车架类型图	结构特点
梯形车架	①由两个纵梁与多根横梁相连构成。②汽车强度好，但乘坐舒适性差。③目前轿车已不再使用，用在货车上
X形车架	①车架中间窄，刚性好，能承受较强的扭曲变形。②车架侧面保护性不强，已不再使用
框式车架	①类似于梯形车架，车身受到侧向冲击时的安全性好。②前车轮后面和后车轮前面的区域，分段地形成扭力箱结构，在车辆受到正面碰撞时，分段区域可吸收大部分的能量。③车辆前、后上弯结构，碰撞时也吸收冲击振动

3 前车身

轿车非承载式车身的前车身由散热器支架、前翼板和前挡泥板构成，如图1-2所示。这些部件用螺栓安装，形成易于分解的结构。散热器支架由上支架、下支架和左右支架焊接在一起，形成一个单体结构。非承载式车身的前翼子板不同于无架式车身的前翼子板，其上边内部和后端是点焊的，这样不仅可以增加翼子板的强度和刚性，并且可与前挡泥板一起来降低传到乘坐室的振动和噪声，也有助于减小悬架件及发动机在侧向冲击时受到的损伤。

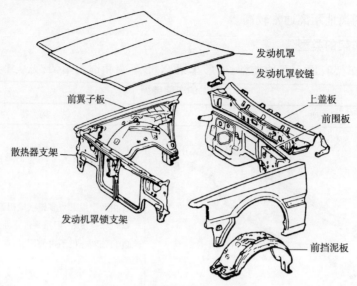

图 1-2 非承载式车身的前车身结构

❹ 主车身

轿车非承载式车身的主车身由围板、地板、顶板等构成,形成乘坐室和行李舱,在结构上与承载式车身相似,如图 1-3 所示。围板由左右前车身立柱、内板、外板和盖板的侧板构成。地板的前面有一传动轴槽,形成一个纵贯地板中心的槽形截面通道。横梁与地板前部焊接在一起,再安装到车架上。这样使乘坐室顶边梁、门和车身侧面在受到侧向冲击碰撞时得到保护。此外,地板的前、后和左右边侧用压花工艺做成皱折,来增加车身地板的刚度,减少振动。

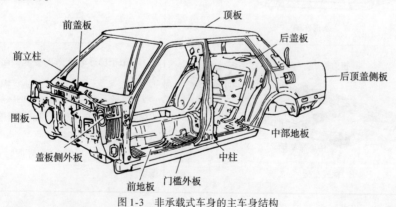

图 1-3 非承载式车身的主车身结构

(二)承载式车身结构

❶ 承载式车身的特点

承载式车身没有单独的车架,整个车身设计采用飞机机身制造中的应力壳设计概念。我们即使用手握住蛋壳施加很大的压力也很难使其破碎,这是因为手指所施加的全部压力不是集中在一点,而是被分散在整个蛋壳上,在力学上,这种结构称作"应力薄壳结构"。

在汽车车身中没有完全的"应力薄壳结构",但是汽车车身的某个部件受到外力影响,它同样会把力传递到其他的相连部件。我们通常把这种能承受外部力的车身称为承载式车身结构,如图 1-4 所示。它有以下特点:

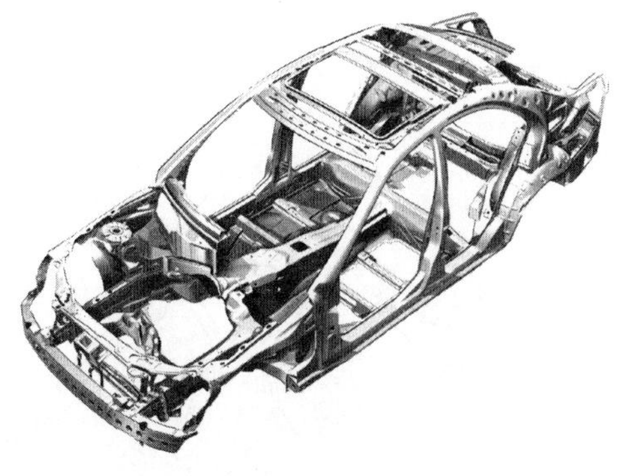

(1) 承载式车身是由冲压成不同形状的薄钢板件构成,用电阻点焊连接成一个整体。这种结构质量轻,但对于弯曲和扭曲有很高的刚性。

(2) 同样大小的车身,承载式车身内部的空间更大,汽车可以更小型化。

(3) 传动系统和悬架产生的振动和噪声进入地板槽并被放大,车身起到一个音响的作用,这就需要附加部件以抑制振动和噪声。

图 1-4 承载式车身结构

(4) 一旦车身损坏变形,则需要采用特殊的、不会导致进一步损坏的程序来恢复原来的形状。

(5) 以薄金属板制成的车身紧靠地面,因此应采取适当的措施以防止由于腐蚀引起的损伤,研究车身底部的强化材料这一点特别重要。

2 承载式车身的分类及结构特点

承载式车身结构有三种基本类型:前置发动机后轮驱动(FR)车身、前置发动机前轮驱动(FF)车身和中置发动机后轮驱动(MR)车身。其结构特点见表 1-2。

承载式车身的分类及结构特点　　　　　　　　表 1-2

车身类型及图示	结构特点
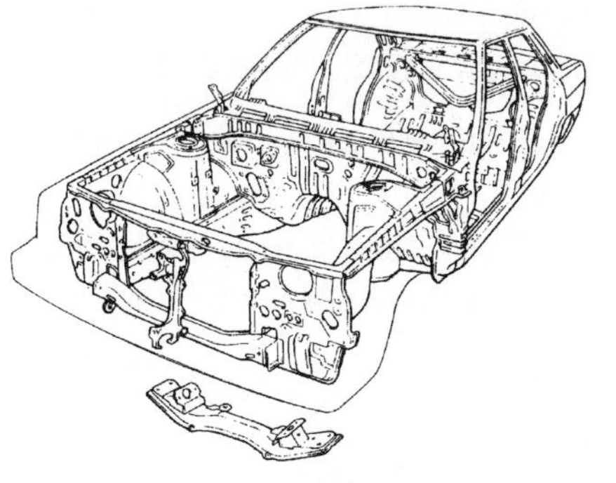 FR 车身	①发动机、变速器、差速器分开安装,车的质量平均分配至前、后轮上,因此转向盘操纵力较小。 ②由于 FR 车辆需加大车底板空间,以传递驱动力至后轮,因此造成乘坐空间减小。 ③FR 车辆的行李舱空间比 FF 车辆的要小
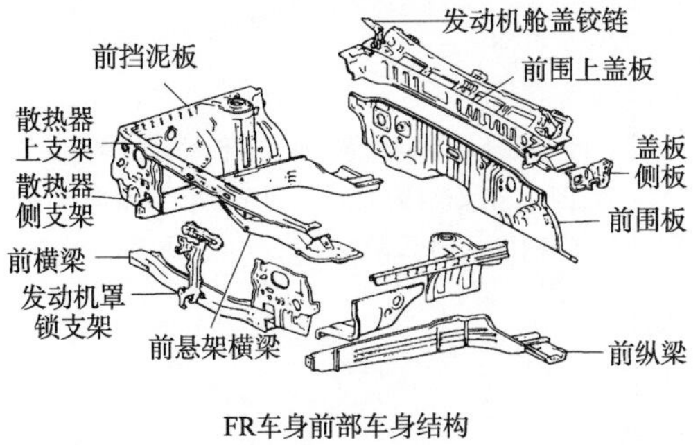 FR 车身前部车身结构	①前车身由散热器上支架、散热器侧支架、前横梁、发动机舱盖锁支架、前挡泥板、前纵梁、前围板、前围上盖板、盖板侧板等组成。 ②车身外覆盖件,如发动机舱盖、前翼子板等是用螺栓、螺母和铰链固定,其他的部件都焊接

续上表

车身类型及图示	结构特点
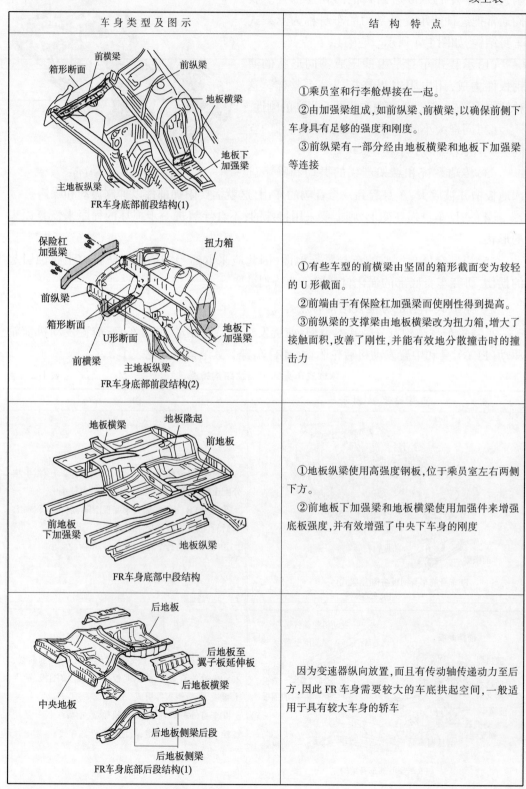 FR车身底部前段结构(1)	①乘员室和行李舱焊接在一起。②由加强梁组成，如前纵梁、前横梁，以确保前侧下车身具有足够的强度和刚度。③前纵梁有一部分经由地板横梁和地板下加强梁等连接
FR车身底部前段结构(2)	①有些车型的前横梁由坚固的箱形截面变为较轻的U形截面。②前端由于有保险杠加强梁而使刚性得到提高。③前纵梁的支撑梁由地板横梁改为扭力箱，增大了接触面积，改善了刚性，并能有效地分散撞击时的撞击力
FR车身底部中段结构	①地板纵梁使用高强度钢板，位于乘员室左右两侧下方。②前地板下加强梁和地板横梁使用加强件来增强底板强度，并有效增强了中央下车身的刚度
FR车身底部后段结构(1)	因为变速器纵向放置，而且有传动轴传递动力至后方，因此FR车身需要较大的车底拱起空间，一般适用于具有较大车身的轿车

续上表

车身类型及图示	结构特点
FR车身底部后段结构(2)	①后地板侧梁后半部具有强韧而不易弯曲的特性。 ②侧梁弯角区域设计成容易发生折损变形且发生碰撞时向上弯曲,以保护燃油箱不会落地
FF车身	①变速器和差速器已结合成一个传动桥,因此全车的质量可以减小。 ②前轴质量大于FR车辆,前轮既是驱动轮也是转向轮,故前悬架和前轮载荷较高。 ③燃油箱可放置在车辆中央部位下方,行李舱有较宽敞的空间。 ④发动机固定方式依车辆大小而不同,紧凑型车辆用前侧梁来固定,中型车用中间梁和前侧梁来固定,大型车用副梁和翼子板隔板来固定
FF车身前车身钢板结构(副梁式)	①前横梁和前纵梁使用加大横截面积和加强件的方式来增强刚度。 ②副梁由螺栓固定于前纵梁上,除了支撑发动机、传动桥、转向器齿轮箱的质量外,副梁所形成的井字形结构,提高了前车身的刚度
FF车身前车身钢板结构(中间梁式和直接固定式)	①中间梁式和直接固定式的车身结构并没有明显的差别,但是支撑悬架系统的方法不一样。 ②中间梁式车辆,加装悬架横梁连接左右两侧前纵梁。直接固定式则是利用车身来承载悬架负荷

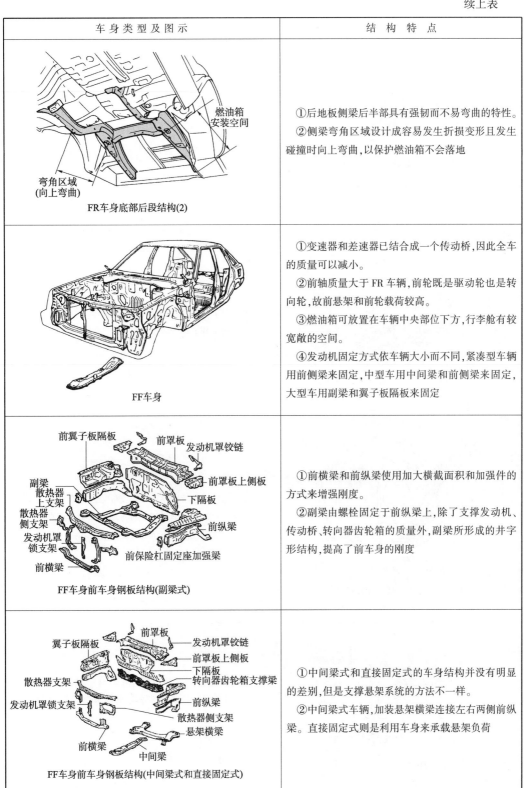

续上表

车身类型及图示	结构特点
FF车身前下车身结构（前横梁、前纵梁、转向器齿轮箱支撑梁）	前纵梁与地板加强梁及主地板侧梁相连接，以便于将撞击力分散至车身的各个部位
FF车身前下车身结构(副梁式)（前纵梁、下隔板、主地板纵梁、主地板下加强梁）	由于没有转向器支撑梁，故前纵梁直接焊接于主地板侧梁和下加强梁上
FF车身前下车身结构(中间梁式)（前纵梁、转向器齿轮箱支撑梁、下隔板、主地板纵梁、主地板下加强梁）	前纵梁和转向器齿轮箱支撑梁连接在一起，而转向器齿轮箱支撑梁又和左右主地板纵梁连接在一起，所以前纵梁和门槛板也有效的连接
FF车身前下车身结构(直接固定式)（转向器齿轮箱支撑梁、前纵梁）	此种结构类似中间梁式，前纵梁连接于转向器齿轮箱支撑梁上

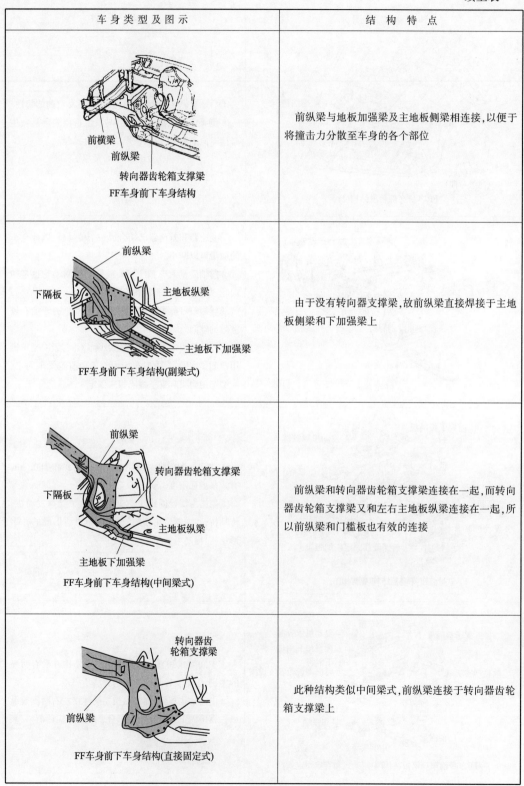

续上表

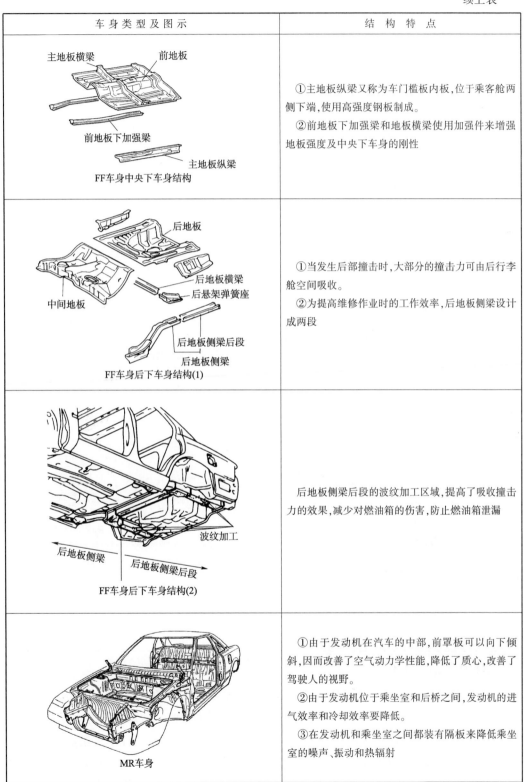

车身类型及图示	结构特点
FF车身中央下车身结构（主地板横梁、前地板、前地板下加强梁、主地板纵梁）	①主地板纵梁又称为车门槛板内板，位于乘客舱两侧下端，使用高强度钢板制成。 ②前地板下加强梁和地板横梁使用加强件来增强地板强度及中央下车身的刚性
FF车身后下车身结构(1)（后地板、中间地板、后地板横梁、后悬架弹簧座、后地板侧梁后段、后地板侧梁）	①当发生后部撞击时，大部分的撞击力可由后行李舱空间吸收。 ②为提高维修作业时的工作效率，后地板侧梁设计成两段
FF车身后下车身结构(2)（后地板侧梁、后地板侧梁后段、波纹加工）	后地板侧梁后段的波纹加工区域，提高了吸收撞击力的效果，减少对燃油箱的伤害，防止燃油箱泄漏
MR车身	①由于发动机在汽车的中部，前罩板可以向下倾斜，因而改善了空气动力学性能，降低了质心，改善了驾驶人的视野。 ②由于发动机位于乘坐室和后桥之间，发动机的进气效率和冷却效率要降低。 ③在发动机和乘坐室之间都装有隔板来降低乘坐室的噪声、振动和热辐射

续上表

车身类型及图示	结 构 特 点
MR车身前部车身结构部件	①前悬架、转向操纵系、散热器和空气冷凝器等机械部件安装在前车身。 ②车身前部设置前行李舱
MR车身底部结构部件	①车身底部承受来自路面的各种载荷,并将它分布到边车身、车身立柱和车顶。 ②车身底部的部件由高强度钢制造。 ③前地板的结构通道提高,使车身底部的强度增强
MR车身后部车身结构	①发动机和行李舱之间用后地板隔板分开。 ②后地板、乘坐室隔板和后地板隔板以深波纹结构强化,并和后纵梁焊接形成一个高强度的整体

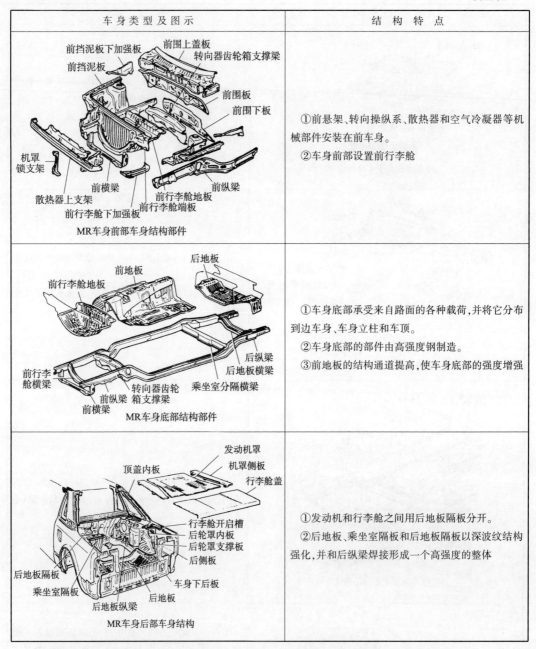

3 侧面车身结构

侧车身和前车身、车顶板、车底板共同形成乘坐室。在行驶中这些板件把从车底部传来的载荷传递到汽车的上部部件,并阻止车身向左、右侧弯曲。侧车身构件也作为门的支架,在汽车翻倒时能保持乘坐室的完整性。侧车身由于开了大门其强度被削弱,因而用连接的内部和外部板件来加强,形成一个非常强固的箱形结构,在前柱、中柱、车门槛板、车顶纵梁等部位都采用三层板设计,同时应用了大量的高强度钢,以防止来自前方、后方和侧面的碰撞引起中部车身变形,如图 1-5 所示。

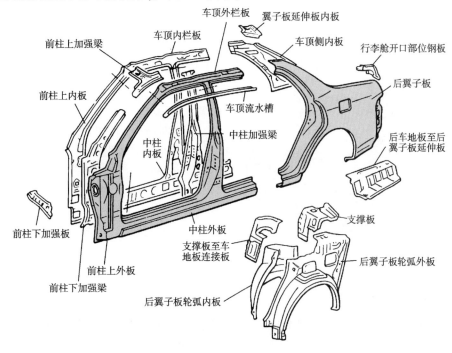

图 1-5　车身的侧面结构

4　车门、发动机舱盖、行李舱盖结构

轿车的车门、发动机舱盖和行李舱盖是车身部件中用螺栓连接的可拆件,它们的结构及特点,见表 1-3。

车门、发动机舱盖、行李舱盖结构及特点　　　　表 1-3

车门、发动机舱盖、行李舱盖结构图	结　构　特　点
窗框车门　冲压成形车门　无窗框车门 车门结构	①车门包括外板、内板、加强梁、侧防撞钢梁和门框。 ②内板、加强梁和侧防撞钢梁以点焊结合在一起,而内板和外板通常是以折边连接。 ③车门窗框通常是由点焊和铜焊结合而成
发动机舱盖结构	①发动机舱盖包括外板、内板和加强梁。 ②内板、外板的结合以折边加工的形式代替了焊接,将加强梁点焊于内板上,并将密封胶涂抹于内外板之间,以确保外板有足够的张力

续上表

车门、发动机舱盖、行李舱盖结构图	结 构 特 点
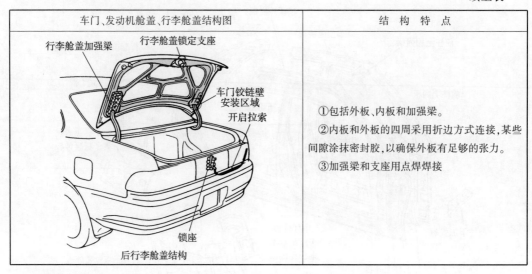 后行李舱盖结构	①包括外板、内板和加强梁。 ②内板和外板的四周采用折边方式连接，某些间隙涂抹密封胶，以确保外板有足够的张力。 ③加强梁和支座用点焊焊接

二 任务实施

在一辆轿车上，认知车身各部分的名称，并根据表1-4图的要求填写部件名称。

根据图片填写部件名称　　　　　　　　表1-4

图　　示	要　　求
非承载式车身的前车身	将左图图注数字所指的名称填到横线上。 ①＿＿＿＿＿＿＿＿＿＿； ②＿＿＿＿＿＿＿＿＿＿； ③＿＿＿＿＿＿＿＿＿＿； ④＿＿＿＿＿＿＿＿＿＿； ⑤＿＿＿＿＿＿＿＿＿＿； ⑥＿＿＿＿＿＿＿＿＿＿； ⑦＿＿＿＿＿＿＿＿＿＿； ⑧＿＿＿＿＿＿＿＿＿＿
非承载式车身的主车身结构	将左图图注数字所指的名称填到横线上。 ①＿＿＿＿＿＿＿＿＿＿； ②＿＿＿＿＿＿＿＿＿＿； ③＿＿＿＿＿＿＿＿＿＿； ④＿＿＿＿＿＿＿＿＿＿； ⑤＿＿＿＿＿＿＿＿＿＿； ⑥＿＿＿＿＿＿＿＿＿＿； ⑦＿＿＿＿＿＿＿＿＿＿； ⑧＿＿＿＿＿＿＿＿＿＿； ⑨＿＿＿＿＿＿＿＿＿＿； ⑩＿＿＿＿＿＿＿＿＿＿

续上表

图 示	要 求
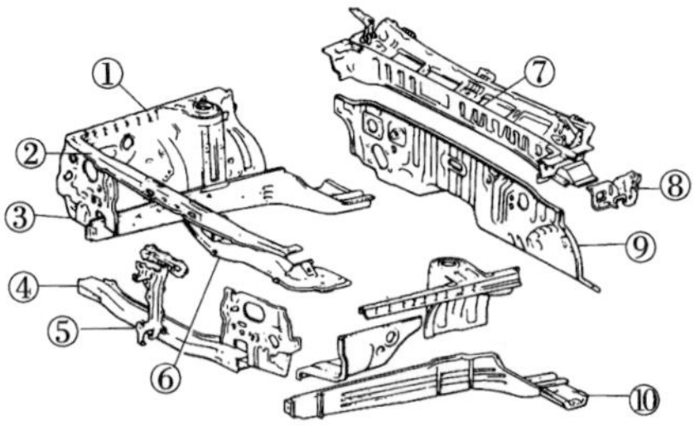 FR车身前车身结构	将左图图注数字所指的名称填到横线上。 ①_____； ②_____； ③_____； ④_____； ⑤_____； ⑥_____； ⑦_____； ⑧_____； ⑨_____； ⑩_____
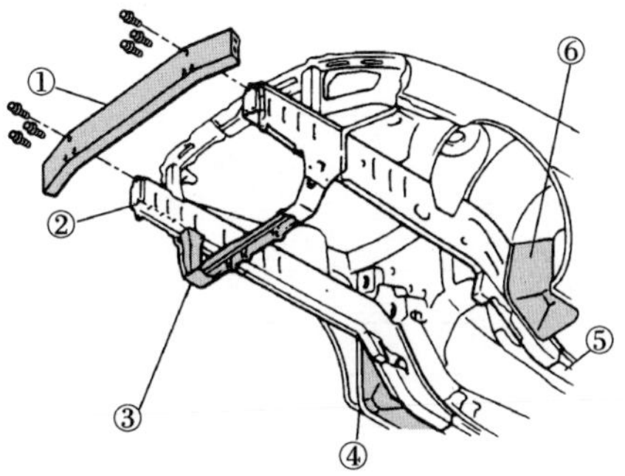 FR车身底部前段结构	将左图图注数字所指的名称填到横线上。 ①_____； ②_____； ③_____； ④_____； ⑤_____； ⑥_____ 地板横梁为什么要改为扭力箱结构？ _____
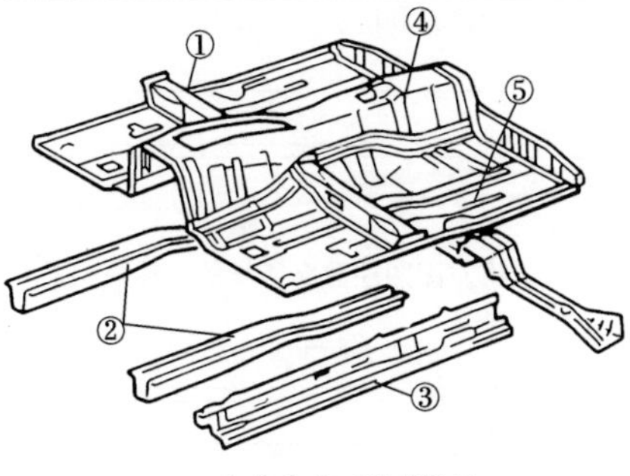 FR车身中央下车身结构	将左图图注数字所指的名称填到横线上。 ①_____； ②_____； ③_____； ④_____； ⑤_____ 地板纵梁通常采用什么材料？ _____
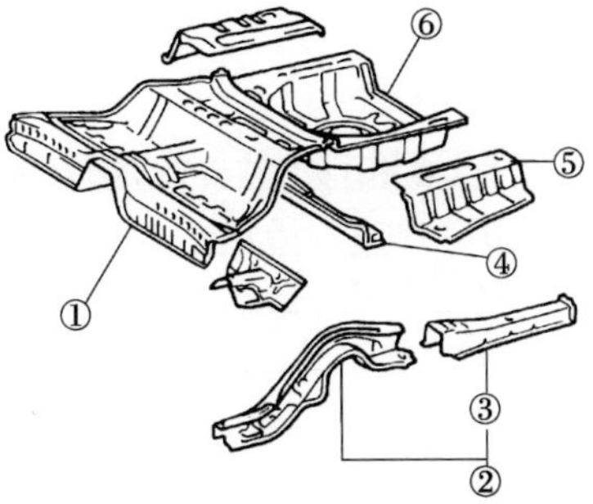 FR车身后侧下车身结构	将左图图注数字所指的名称填到横线上。 ①_____； ②_____； ③_____； ④_____； ⑤_____； ⑥_____ 为什么后车地板侧梁的后段必须设计成容易折损的形式？ _____

续上表

图示	要 求
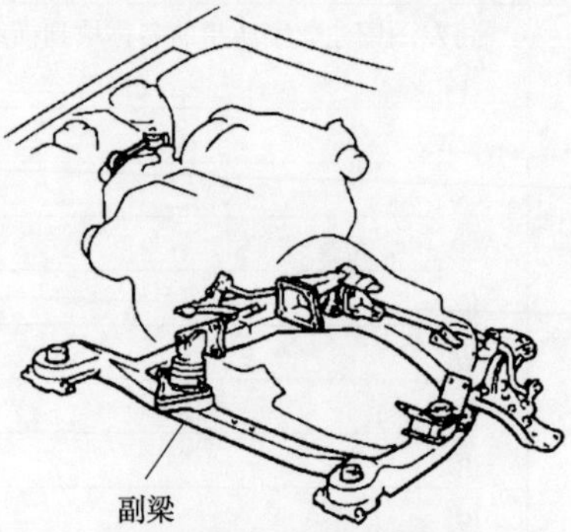 副梁 FF车身前车身的副梁式结构	FF车辆前车身的副梁主要用于固定哪些总成部件？ _____ _____ _____。 副梁和车身采用_____方式连接
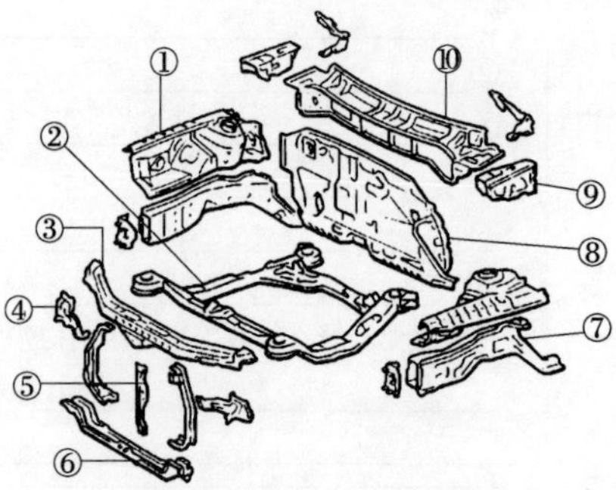 FF车身前车身结构(副梁式)	将左图图注数字所指的名称填到横线上。 ①_____； ②_____； ③_____； ④_____； ⑤_____； ⑥_____； ⑦_____； ⑧_____； ⑨_____； ⑩_____ 前横梁和前纵梁使用什么方式来增强刚度？ _____
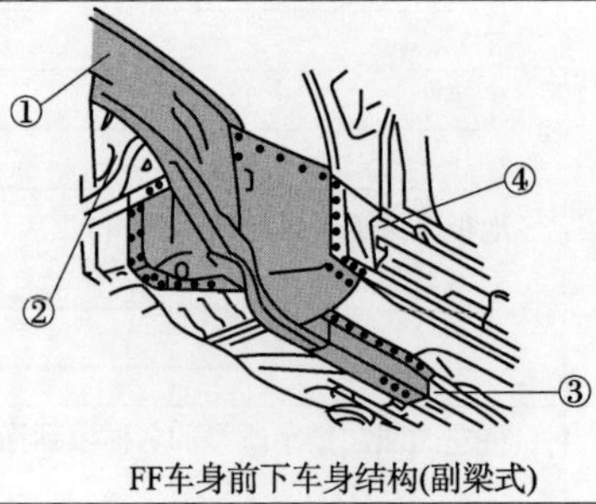 FF车身前下车身结构(副梁式)	将左图图注数字所指的名称填到横线上。 ①_____； ②_____； ③_____； ④_____
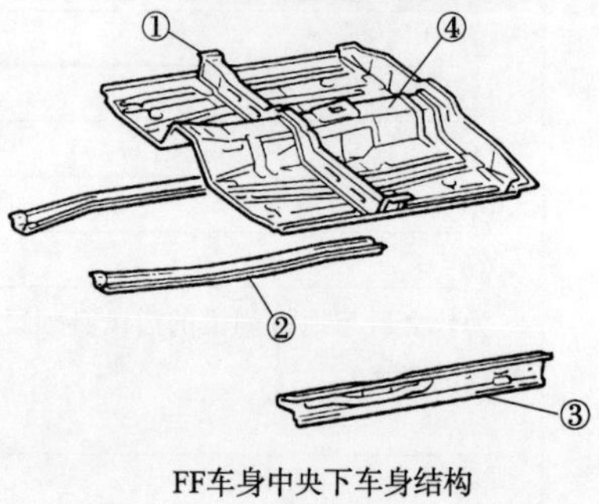 FF车身中央下车身结构	将左图图注数字所指的名称填到横线上。 ①_____； ②_____； ③_____； ④_____

续上表

图　　示	要　　求
FF车身后下车身结构	将左图图注数字所指的名称填到横线上。 ①＿＿＿＿＿＿＿＿＿＿＿＿＿＿＿＿＿； ②＿＿＿＿＿＿＿＿＿＿＿＿＿＿＿＿＿； ③＿＿＿＿＿＿＿＿＿＿＿＿＿＿＿＿＿； ④＿＿＿＿＿＿＿＿＿＿＿＿＿＿＿＿＿； ⑤＿＿＿＿＿＿＿＿＿＿＿＿＿＿＿＿＿； ⑥＿＿＿＿＿＿＿＿＿＿＿＿＿＿＿＿＿ 为什么后地板侧梁设计成两段？ ＿＿＿＿＿＿＿＿＿＿＿＿＿＿＿＿＿＿
车身侧面结构	将左图图注数字所指的名称填到横线上。 ①＿＿＿＿＿＿＿＿＿＿＿＿＿＿＿＿＿； ②＿＿＿＿＿＿＿＿＿＿＿＿＿＿＿＿＿； ③＿＿＿＿＿＿＿＿＿＿＿＿＿＿＿＿＿； ④＿＿＿＿＿＿＿＿＿＿＿＿＿＿＿＿＿； ⑤＿＿＿＿＿＿＿＿＿＿＿＿＿＿＿＿＿； ⑥＿＿＿＿＿＿＿＿＿＿＿＿＿＿＿＿＿； ⑦＿＿＿＿＿＿＿＿＿＿＿＿＿＿＿＿＿； ⑧＿＿＿＿＿＿＿＿＿＿＿＿＿＿＿＿＿； ⑨＿＿＿＿＿＿＿＿＿＿＿＿＿＿＿＿＿； ⑩＿＿＿＿＿＿＿＿＿＿＿＿＿＿＿＿＿

❶ 教学准备

非承载式车身轿车和承载式车身轿车各一辆。

❷ 教学目标

(1) 能认知车身覆盖件的名称。

(2) 能认知车身结构件的名称。

(3) 能讲述车身各部件的安装部位及连接关系。

❸ 教学过程

(1) 教师集中授课。

(2) 学生分组讨论。

(3) 学生实车观察。

(4) 学生分组介绍。

(5) 教师总结讲评。

三 学习拓展

1 大客车车身的分类

(1) 城市大客车车身。由于站距短,乘客上、下车频繁,所以地板离地高度较小,乘客门较多或车门尺寸较大。为了增加过道的宽度和站立面积,座位多采用单双排座的布置形式。车内高度相对较大,保证站立乘客的视野角,车顶的凸度一般较小。

(2) 长途大客车车身。由于乘客乘坐时间长,客流量比较稳定,一般只有一扇乘客门,座椅布置较密集,每人都有座位,且采用高靠背。为了使地板下有较大的行李舱空间,地板高常在1m以上。远距离的长途营运车,还配置了卧铺。

(3) 旅游大客车车身。旅游大客车车身与长途大客车的结构基本相同,但外观、舒适性往往更加豪华和讲究。更注重乘客的居住性,如车上附设卫生间,甚至烹调室和卧室等。

2 大客车车身的结构特点

大客车车身形式繁多,按承载形式可分为骨架式车身、半承载式车身、基础承载式车身和整体承载式车身,结构及特点见表1-5。

大客车车身结构及特点　　　　　　　　　表1-5

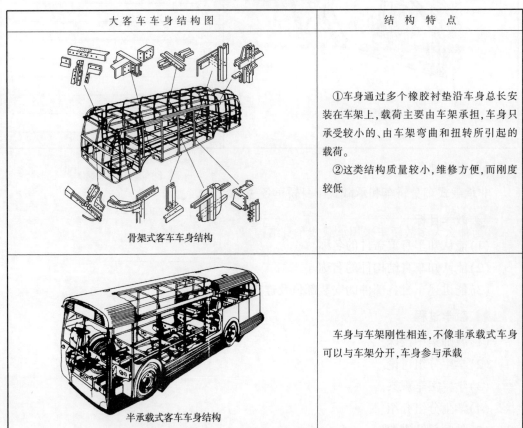

大客车车身结构图	结构特点
骨架式客车车身结构	①车身通过多个橡胶衬垫沿车身总长安装在车架上,载荷主要由车架承担,车身只承受较小的、由车架弯曲和扭转所引起的载荷。②这类结构质量较小,维修方便,而刚度较低
半承载式客车车身结构	车身与车架刚性相连,不像非承载式车身可以与车架分开,车身参与承载

续上表

大客车车身结构图	结构特点
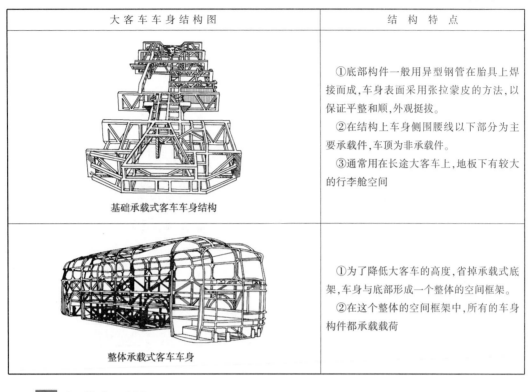 基础承载式客车车身结构	①底部构件一般用异型钢管在胎具上焊接而成,车身表面采用张拉蒙皮的方法,以保证平整和顺,外观挺拔。 ②在结构上车身侧围腰线以下部分为主要承载件,车顶为非承载件。 ③通常用在长途大客车上,地板下有较大的行李舱空间
整体承载式客车车身	①为了降低大客车的高度,省掉承载式底架,车身与底部形成一个整体的空间框架。 ②在这个整体的空间框架中,所有的车身构件都承载载荷

四 评价与反馈

1 自我评价

(1)通过本学习任务的学习你是否已经知道以下问题:

①非承载式车身在碰撞后重点的修理部位是哪里?

②为什么非承载式车身在轿车上的应用越来越少?

③为什么大多数轿车采用承载式车身结构?

④承载式车身采用了哪些结构来加强安全性?

⑤为什么承载式车身的前部精度和强度要求都很高?

(2)车身零件识别操作过程中用到了哪些设备?

(3)实训过程完成情况如何?

(4)通过本学习任务的学习,你认为自己的知识和技能还有哪些欠缺?

_____

签名:_____ ____年____月____日

❷ 小组评价(表1-6)

小组评价表　　　　　　　　　　　　　　　　　　表1-6

序号	评价项目	评价情况
1	着装是否符合要求	
2	是否能合理规范地使用仪器和设备	
3	是否按照安全和规范的流程操作	
4	是否遵守学习、实训场地的规章制度	
5	是否能保持学习、实训场地整洁	
6	团结协作情况	

参与评价的同学签名:_____ ____年____月____日

❸ 教师评价

_____

_____

教师签名:_____ ____年____月____日

五 技能考核标准(表1-7)

车身结构识别技能考核表　　　　　　　　　　　　表1-7

序号	项目	操作内容	规定分	评分标准	得分
1	非承载式车身结构识别	前车身名称、特点	10分	叙述是否正确,每错1处扣1分	
		主车身名称、特点	10分	叙述是否正确,每错1处扣1分	
2	FR车身结构识别	前车身名称、特点	10分	叙述是否正确,每错1处扣1分	
		前下车身名称、特点	5分	叙述是否正确,每错1处扣1分	
		中央下车身名称、特点	5分	叙述是否正确,每错1处扣1分	
		后下车身名称、特点	10分	叙述是否正确,每错1处扣1分	
3	FF车身结构识别	前车身名称、特点	10分	叙述是否正确,每错1处扣1分	
		前下车身名称、特点	10分	叙述是否正确,每错1处扣1分	
		中央下车身名称、特点	5分	叙述是否正确,每错1处扣1分	
		后下车身名称、特点	10分	叙述是否正确,每错1处扣1分	
		车身侧面名称、特点	15分	叙述是否正确,每错1处扣1分	
	总　　分		100分		

学习任务2　认知车身结构安全设计区域

学习目标

知识目标

1. 掌握车身结构安全设计的基础知识;
2. 掌握应力集中和加工硬化的概念,以及车身变形的特性。

技能目标

1. 会分析车辆撞击时的损伤情况;
2. 会对车身不同部位进行能量吸收分析;
3. 能识别不同的车身结构特点和吸能区在车身的布置区域。

建议课时

12课时。

车辆在发生事故的时候,维修人员如何确认损伤的具体位置和范围,他们是如何对碰撞车辆的受力进行损伤评估的。本任务主要针对这一问题,通过对车身结构、撞击受力分析、车辆吸能区域设计分析给出一个清晰的答案。

一　理论知识准备

汽车在设计过程中,车身的安全设计的重要性不言而喻,车身设计人员在设计车身的时候,首先要考虑的是:当车辆在行驶过程中,如何保证车辆能够承受一般行驶状况下的冲击;当车辆发生撞击事故的时候,如何通过不同的设计形式,最大化地保证车辆上人员的安全。

(一)车身结构安全设计基础

车身结构的设计除了要能承受一般行驶的冲击外,还必须在发生事故的时候保障乘员的安全。为了使严重的撞击事件中车身受到撞击后能够吸收最大的能量,又能将危及乘客的安全影响降到最低程度,车身就必须有特殊的结构。因此,前后车身设计成在某种程度下结构容易变形以吸收碰撞能量,而乘客舱不易变形以保护乘客的安全。如图2-1所示。

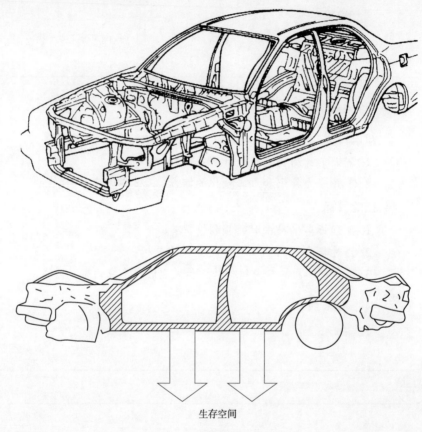

图2-1　车身结构安全空间

(二)车辆撞击损伤分析

1　撞击力的方向分析

车辆受到撞击时,撞击力将以一个角度传入车内并将撞击力分成垂直、纵向、水平三个方向。如图2-2所示,假如撞击力 $A'A$ 以一个水平夹角作用于前翼子板的 A 点,则这个力可以分解为两个分力:AB 垂直分力和 AC 水平分力。

如图2-3所示,假如撞击力 $A'A$ 以一个横向夹角作用于前翼子板的 A 点,则这个力可以分解为两个分力,AC 纵向分力和 AE 横向分力。

因此,车辆受到 AA 的撞击力时会产生三个分力,将翼子板往下推的 AB 分力,将翼子板朝发动机舱方向推的 AE 分力和将翼子板往后推的 AC 分力。

学习任务 2　认知车身结构安全设计区域

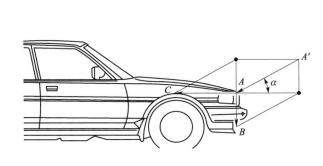

图 2-2　撞击力呈一个角度碰撞

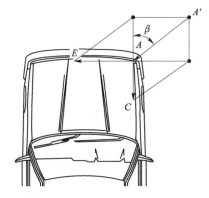

图 2-3　撞击力呈横向夹角碰撞

❷ 撞击力方向不同对损伤产生的影响

分析：从图 2-4 我们可以看出，若撞击力方向经过车辆的质心，则车辆不会产生旋转运动，撞击所产生的动能缺乏一个缓冲时间，而产生比预期严重的损伤。

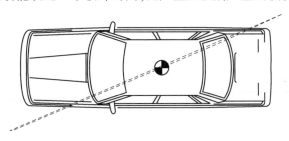

图 2-4　撞击力的方向通过车辆的质心

分析：从图 2-5 我们可以看出，撞击力方向没有经过车辆的质心，则车辆在发生撞击的时候，因为撞击力方向与车辆中心之间形成一个力矩，车辆发生旋转运动，撞击速度有一个减弱的缓冲时间，故撞击所产生的损伤较经过车辆质心的撞击所产生的损伤要轻，所以，从上面两个实例可以看出，即使车辆的质量、速度、撞击对象均相同的情况下，不同的撞击方向也会产生不同的车辆损伤。

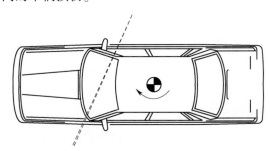

图 2-5　撞击力的方向未通过车辆的质心

❸ 碰撞面积大小与产生损伤大小的关系

车重接近，行驶速度也差不多相同的两辆车，当发生撞击事件时，损坏程度将依撞击物体的不同而有所不同。

（1）如果撞击面积很大，则受损程度会降低，如图2-6所示。

（2）撞击面积越小，则受损程度将会越大，如图2-7所示，保险杠、发动机罩、散热器等受到严重变形，发动机被推向后方，撞击力传递的效应已经延伸到后悬架。

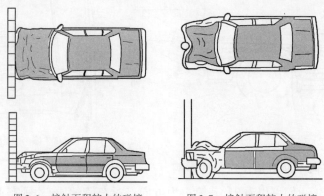

图2-6　接触面积较大的碰撞　　　图2-7　接触面积较小的碰撞

撞击电线杆和撞击墙的损坏程度将会不同，碰撞面积和损伤之间的关系可用公式说明：

$$f = F/A$$

式中：F——撞击力；

　　　A——撞击面积；

　　　f——碰撞产生的应力。

4　车辆碰撞损伤分析

当车辆撞击障碍物时，会产生很大的减速度，车辆通常在十万分之几秒或者万分之几秒内停下来，巨大的减速度会产生动能，根据动量守恒定律得知，车辆因为碰撞所产生的动能必然消耗掉，如何消耗掉呢？则依靠车辆与被碰撞对象之间所产生的损伤来消耗碰撞所产生的动能。碰撞损伤可以分为两类，一类是一次损伤，另一类是二次损伤。

（1）一次损伤。车辆和障碍物之间的碰撞称为一次碰撞，所导致的损伤称为一次损伤。一次损伤通常包括三种。

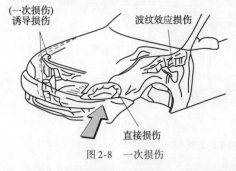

图2-8　一次损伤

①直接损伤。与障碍物直接接触的部位所产生的损伤称为直接损伤。

②波纹效应损伤。在撞击力传输的过程中，由于车辆在某些部位设计的波纹加工而诱导产生的损伤称为波纹效应损伤。

③诱导损伤。由于直接损伤的作用力，造成其他部件也跟着受力而产生的损伤称为诱导损伤。如图2-8所示。

（2）二次损伤。因车辆在碰撞时突然减速，车辆上面的人、物体和车辆本身的零件因为质量而产生惯性，惯性造成这些零件或者物体及人会在车内产生二次碰撞，二次碰撞所造成的损伤称为二次损伤。如图2-9所示。

(三)应力集中的概念

1 负荷

外力作用于物体上称为负荷,按照力作用的方向可以将负荷分为很多种,如图2-10所示。

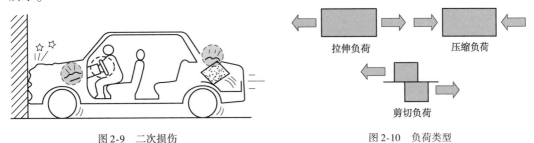

图2-9 二次损伤　　　　　图2-10 负荷类型

2 应力与负荷之间的关系

通常,我们定义物体单位面积上所承受的负荷称为应力,可以用公式表明:

$$应力 = 负荷/截面积$$

由此我们得知,在受到外力的作用下,物体所产生的应力与负荷和物体的截面积有关,也就是说,当负荷一定的情况下,截面积越小的位置,则产生的应力越大,我们用图2-11、图2-12所示来说明此点。

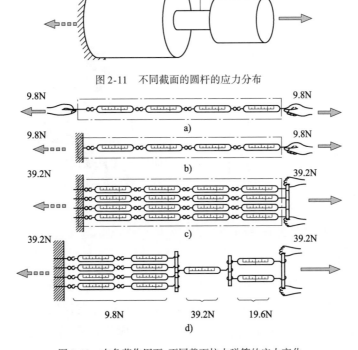

图2-11 不同截面的圆杆的应力分布

图2-12 在负荷作用下,不同截面拉力弹簧的应力变化

3 应力集中

当一个截面积处处相等的物体受到拉伸或者压缩负荷时,物体内部所产生的应力大小也是相等的,然而,若物体的截面产生缺口、空洞或者沟槽,则这些部位会产生较大的应力,基于此,物体在受到负荷作用时可能开裂。所以,钢板的应力集中指因截面的改变从而导致该部位的应力变大。如图2-13所示。

图2-13 相同截面物体的中间出现切口导致该部位应力变大

同时,在某些情况下,虽然物体的截面没有改变,在该面物体形状发生变化的情况下,同样会造成该部位产生应力集中现象。如图2-14所示。

4 弯曲力矩

如果负荷作用于相同截面的右侧边缘,则最大的应力将发生在接合面,在这时导致物体所产生弯曲的力矩称为弯曲力矩。如图2-15所示。

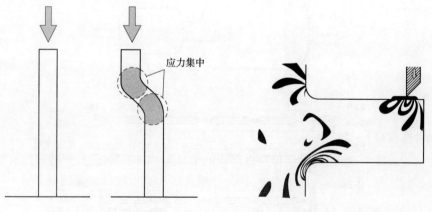

图2-14 圆杆的应力集中　　　图2-15 弯曲力矩

物体的应力分布如图2-16所示。

(四)加工硬化

如果将一根钢丝反复弯曲,则在弯曲的部位会产生硬化,如图2-17所示。同理,在维修变形的车身钢板时,反复在钢板上进行实敲作用,同样在钢板敲击部位也会产生硬化现象。这种由于反复作用于物体上的外力而造成作用部位硬化的现象称为加工硬化。

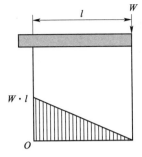
图2-16 弯曲力矩处的应力分布

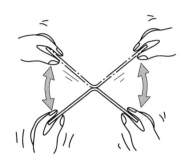
图2-17 加工硬化

(五)车身变形的特性

为了增加车身的刚性和撞击时的能量吸收作用,在车身上设置了许多用来进行能量吸收的区域,如图2-18所示。

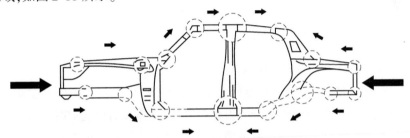

图2-18 车身结构能量吸收区域

车身零件由多种断面所构成,所以在碰撞事故发生时应力集中通常发生在以下几个部位:

(1)截面积改变的部位。

①波纹效应区域(皱折区域)。

②加强件的前端或者后端。

③钢板连接处。

(2)支点部位。

①拱起区域。

②转角区域。

在事故发生时,撞击能量会传到较薄弱的钢板而使其变形,若变形的部位有加强硬化的情形,则此部位无法吸收撞击能量,而使能量传到至其他较薄弱的区域。

(六)能量吸收原理

能量吸收指车辆在发生事故时,车身利用自身设计的弱化区域的结构来吸收碰撞能量,通过弱化区域的损坏和变形来消耗能量。而在乘客舱区域通过加强的形式提高刚性,从而在发生事故时最大化地保障乘员的安全。能量吸收区域的变形理论与波纹效应理论类同。如图2-19所示。

发生在车辆上的碰撞力,如同水流从高处往低处流,在水流的途径中,如果有一个洞,则会停留在此洞,直到填满时才会继续往前流,同样地,如果水流途径中有小石头,则水碰到小石头会瞬间停止,然后绕过小石头往前流。

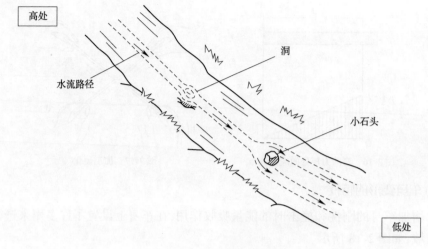

图 2-19 波纹效应

(七)车身不同部位能量吸收分析

1 碰撞力在前侧梁上面的传递过程

分析：如图 2-20 所示，前侧梁在设计上布置了孔洞、形状变化区域等弱化区域，如同水流途径的孔洞。这些部位属于车身应力集中区域，在碰撞力传递的时候，可以通过变形和损坏来消耗碰撞能量。而加强区域是硬化区域，如同水流途径的小石头，可以抵抗部分碰撞力的通过。因此，碰撞所产生的碰撞力，经过前侧梁的吸收和抵抗，则传到乘客舱的碰撞力越来越小，最大化地为乘客区域提供保证。

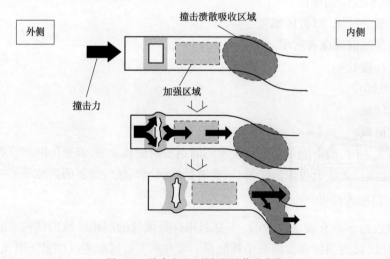

图 2-20 撞击力通过前侧梁的传递路线

2 前侧梁的吸能分析

分析：从图 2-21 可以看出，在 FR 车辆上面，如果撞击力 F 作用于 A 点，此时 A、B、C 部位产生变形吸收碰撞能量，到达 D 部位时，改变方向到达 E 部位，碰撞力对下隔板及主地板造成损伤，阻止碰撞能量更大范围传播。

分析：从图2-22可以看出，如果碰撞力是呈一个角度发生，则碰撞力会分解，横向的撞击力会通过A、B、C等部位，最后到达D位置，能量吸收的原理与图2-21类同。但当作用力较大时，D点位置所产生的损伤远远大于单一的水平撞击，因为垂直的作用力F_y与D点位置形成弯曲力矩，对D点造成综合损坏。

❸ 上部车身的吸能分析

分析：从图2-23可以看出，如果撞击力发生在车辆的上端，则在撞击力传导过程

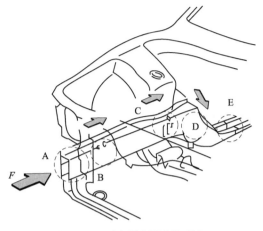

图2-21　FR车辆前侧梁吸能区域

中，较弱的B、C部分会损坏而吸收部分撞击能量。撞击力传导至D部位后，会因波纹效应影响前柱上支柱和车顶侧栏板，前柱以其下端与车门槛板的连接点作为支点，向后倾斜，导致常见的车门缝隙变化。当力传导至E部位时，波纹效应会因风窗玻璃的安装形式不同略有变化，如图2-24所示。

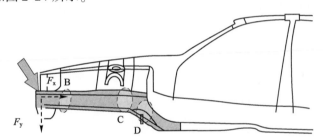

图2-22　一角碰撞对前侧梁产生的效应

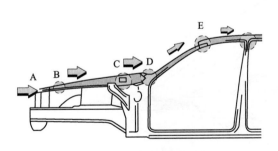

图2-23　上部车身零件的吸能

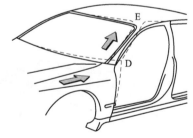

图2-24　撞击能量传递到风窗玻璃

如果风窗玻璃是黏着式，则撞击力会分布在整个区域，若风玻璃是密封条式，则撞击力在E点部位产生的损伤比黏着式更大。当然，不管风窗玻璃是哪种连接类型，E部位往上推，造成车顶侧栏板、风窗玻璃框架、车顶钢板向上变形，从而造成中柱上端和车顶连接处产生扭曲变形。

❹ 后车身的吸能

(1)后底部车身。后底部车身的能量吸收区域设置取决于油箱的布置形式，油箱在

车身的布置形式分为悬浮式和脊背式两种。

在传统的前置后驱车辆上,油箱布置在车辆的后方,如图2-25所示。这种油箱的布置形式称为悬浮式,油箱比较扁平而较长。后地板侧梁被设计成刚性较强的结构不易变形,因为一旦发生后部撞击,后侧梁后端如果弱化,则后侧梁后端发生变形可能挤压油箱,导致燃油泄漏。此外,后地板所设计的拱起区域可以在后部撞击时发生弯曲变形以吸收碰撞能量。

近年来有更多的FR车身和FF车身车辆的燃油箱放置于后轴前方,这种情况下油箱设计得比较深和短,我们把它称为脊背式油箱。如图2-26所示。

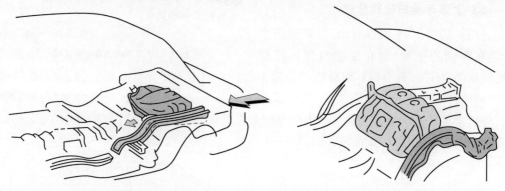

图2-25 传统FR车身的油箱布置　　　　图2-26 脊背式油箱的布置形式

这种车辆在后地板侧梁后端实施波纹加工处理,从而降低该部位的刚性从而吸收来自后方的撞击能量。某些车辆为了提高维修作业的效率,把后侧梁后端做成可分离状态,如图2-27所示。

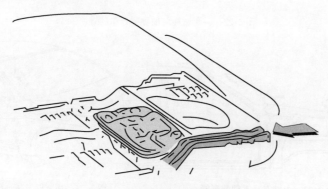

图2-27 经过波纹加工的后侧梁

(2)后上部车身的吸能。在后部撞击时,撞击力除了引起接触区域的损坏外,还会传到上部车身,使得后翼子板向前变形,导致后翼子板和后车门的缝隙缩小。如果撞击能量很高,则会导致后车门向前推导致车门中柱跟着发生变形。撞击力足够大的情况下也可延伸至前门,导致前车身立柱也发生变形。具体的撞击力传递路线如图2-28所示。

如果在前车身立柱和车门立柱都发生损伤的情况下,此种损伤的典型表现形式是车门开关不良,缝隙发生变化。

学习任务2 认知车身结构安全设计区域

后部车身在发生碰撞时,撞击力传递的另一个途径是经过后翼子板向上传递给车顶侧栏板,如图2-29所示。车顶侧栏板被向上推,从而导致中柱上方的车顶钢板发生扭曲。从后部车身的撞击能量传递路线可以理解,为了保障乘客区域不被压缩,在车辆中部零件的设计上,尽量提高零件的刚性来抵抗挤压变形,例如在前柱、中柱、后车身立柱等零件采用三层的箱形体结构,并且使用超高强度钢材来制造加强件,同时提高车顶侧栏板的强度和刚性,这些都是保证中部车身增加刚性的一些措施。

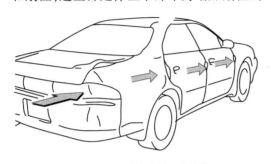

图2-28 后部撞击向前传递路线

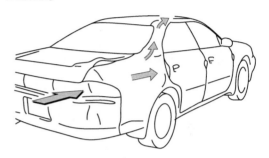

图2-29 后部撞击的向上传递路线

二 任务实施

在一辆轿车上,认知车身结构安全设计区域及零件的名称,并根据表2-1所示图片的要求填写零件名称及作用。

车身结构安全设计区域与零件　　　　　　表2-1

图　示	零件名称及作用
	如图所示,完成以下问题。 零件名称: _____ 零件作用: _____ 是否布置有吸能区域?_____
	如图所示,完成以下问题。 零件名称: _____ 零件作用: _____ 是否布置有吸能区域?_____

续上表

图　示	零件名称及作用
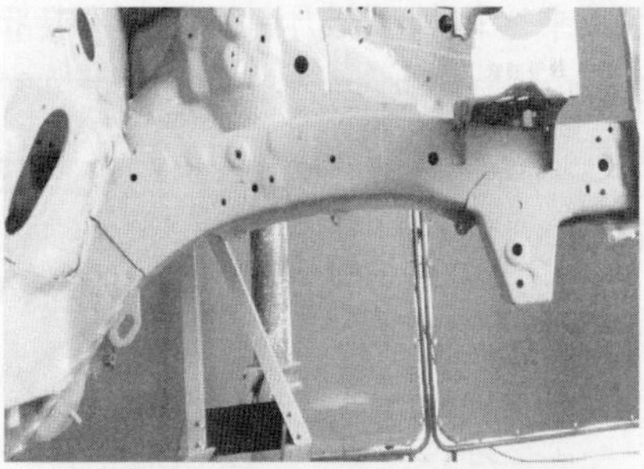	如图所示，完成以下问题。 零件名称：_____。 零件作用：_____。 是否布置有吸能区域？_____
	如图所示，完成以下问题。 零件名称：_____。 零件作用：_____。 是否布置有吸能区域？_____
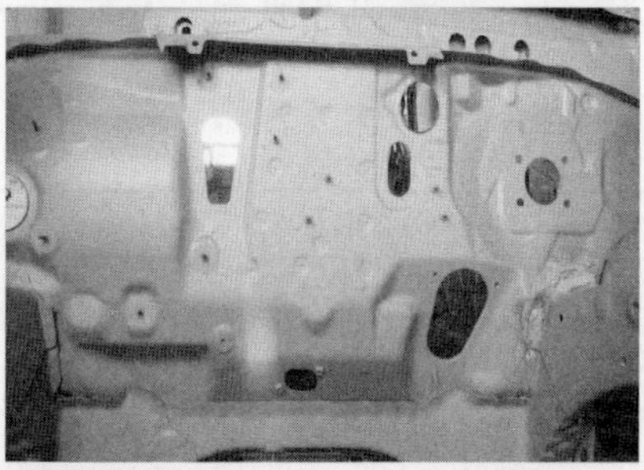	如图所示，完成以下问题。 零件名称：_____。 零件作用：_____。 是否布置有吸能区域？_____

❶ 准备工作

非承载式车身轿车和承载式车身轿车各一辆。

❷ 技术要求与注意事项

（1）能识别车身前部结构件安全设计区域。

（2）能识别车身后部结构件安全设计区域。

（3）能讲述车身结构区域与零件是否布置有吸能区域，并找到相应位置。

❸ 操作步骤

（1）教师集中授课。

（2）学生分组讨论。

（3）学生实车观察。

（4）学生分组介绍。

（5）教师总结讲评。

学习任务 2　认知车身结构安全设计区域

三　学习拓展

在一辆轿车上,认知车身覆盖件安全设计区域及零件的名称,并根据表 2-2 所示图片的要求填写零件名称及作用。

车身覆盖件安全设计区域与零件　　　　　表 2-2

图　示	零件名称及作用
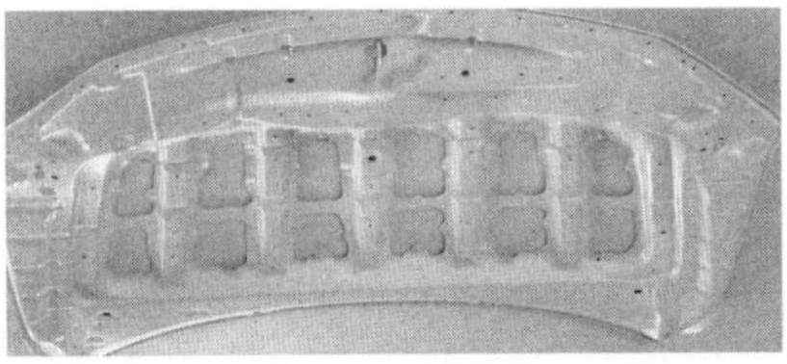	如图所示,完成以下问题。 零件名称: _____。 零件作用: _____。 是否布置有吸能区域?_____
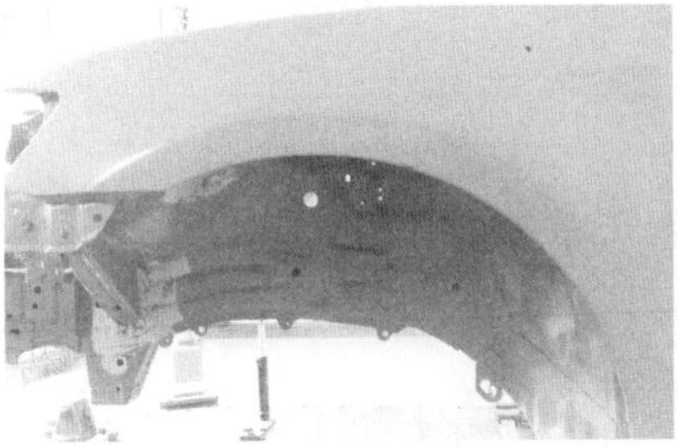	如图所示,完成以下问题。 零件名称: _____。 零件作用: _____。 是否布置有吸能区域?_____
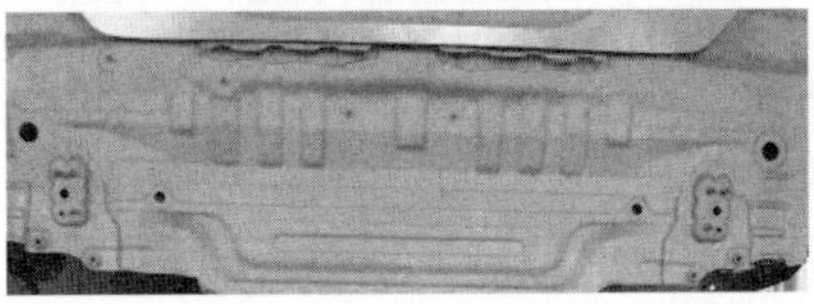	如图所示,完成以下问题。 零件名称: _____。 零件作用: _____。 是否布置有吸能区域?_____
	如图所示,完成以下问题。 零件名称: _____。 零件作用: _____。 是否布置有吸能区域?_____

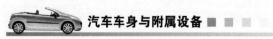

四 评价与反馈

1 自我评价

(1)通过本学习任务的学习你是否已经知道以下问题：

①当车辆发生撞击事故的时候,你能否准确分析车辆的损伤情况？
_____

②应力集中一般发生在零件的哪些部位？
_____

③车身哪些位置设置了吸能区结构？
_____

④为什么中部区域零件需要加强并采用箱形结构？
_____

⑤车身上的吸能区域是通过什么方式使这些部位产生弱化效果,达到吸能目的？
_____

(2)本学习任务的学习过程中用到了哪些设备？
_____

(3)实训过程完成情况如何？
_____

(4)通过本学习任务的学习,你认为自己的知识和技能还有哪些欠缺？
_____

签名：_____　　　___年___月___日

2 小组评价(表2-3)

小组评价表　　　　　　　　　　　表2-3

序号	评价项目	评价情况
1	着装是否符合要求	
2	是否能合理规范地使用仪器和设备	
3	是否按照安全和规范的流程操作	
4	是否遵守学习、实训场地的规章制度	
5	是否能保持学习、实训场地整洁	
6	团结协作情况	

参与评价的同学签名：_____　　　___年___月___日

3 教师评价

_____

教师签名：_____　　　___年___月___日

五 技能考核标准（表2-4）

技能考核表　　　　　　　　　　　　　　表2-4

序号	项目	操作内容	规定分	评分标准	得分
1	车辆撞击损伤分析	撞击力的方向分析	5分	分析是否正确，每错1处扣1分	
		撞击力方向不同对损伤产生的影响	10分	阐述是否正确，每错1处扣1分	
		碰撞面积大小与产生损伤大小的关系	10分	阐述是否正确，每错1处扣1分	
		车辆碰撞损伤分析	10分	分析是否正确，每错1处扣1分	
2	车身钢板特性分析	应力集中的概念	5分	阐述是否正确，每错1处扣1分	
		加工硬化	5分	阐述是否正确，每错1处扣1分	
		车身变形的特性	5分	阐述是否正确，每错1处扣1分	
3	车身不同部位能量吸收分析	前侧梁	10分	分析与位置识别是否正确，每错1处扣1分	
		上部车身	10分	分析与位置识别是否正确，每错1处扣1分	
		中车身	5分	分析与位置识别是否正确，每错1处扣1分	
		后车身	10分	分析与位置识别是否正确，每错1处扣1分	
		车身覆盖件	15分	分析与位置识别是否正确，每错1处扣1分	
	总　　分		100分		

学习任务3　车身螺栓连接件的拆装

学习目标

知识目标

1. 了解车身采用螺栓连接的部位；
2. 熟悉轿车车门的类型、结构、间隙要求；
3. 熟悉轿车翼子板的作用、安装位置；
4. 熟悉发动机罩的结构、间隙要求。

技能目标

1. 会正确使用常用的拆装工具；
2. 会拆装和调整轿车车门总成；
3. 会拆装和调整轿车翼子板；
4. 会拆装和调整轿车发动机罩。

建议课时

24课时。

任务描述

一辆轿车在路上行驶，由于驾驶人操作不当，在与对面汽车会车时发生碰撞事故，发动机罩偏左侧发生了严重变形，并造成左侧翼子板、左侧前后车门严重剐伤。汽车运到修理厂之后经检查发动机罩、左侧翼子板及前后车门严重损伤，无维修价值，需更换左侧翼子板、左侧前后车门。

 一　理论知识准备

车身部件之间的组装除了焊接外，大多数还是用铆钉或是螺栓连接的。例如，车身采用螺栓连接的部位有前后保险杠、发动机罩、前翼子板、车门总成等。采用螺栓连接的方式,可设置锥形螺栓和铰链的连接,起到紧固定位的作用;当产品制造存在误差时,螺栓连接可以对误差进行调整,增加产品的合格率。

(一)轿车车门的类型、结构及间隙要求

1 车门分类

(1)顺开式车门:即使在汽车行驶时仍可借气流的压力关上,比较安全,而且便于驾驶人在倒车时向后观察,故被广泛采用。

(2)逆开式车门:在汽车行驶时若关闭不严就可能被迎面气流冲开,因而用得较少,一般只是为了改善上下车方便性及适于迎宾礼仪需要的情况下才采用。

(3)水平移动式车门:它的优点是车身侧壁与障碍物距离较小的情况下仍能全部开启。

(4)上掀式车门:广泛用作轿车及轻型客车的后门,也应用于低矮的汽车。

(5)折叠式车门:则广泛应用于大、中型客车上。

2 车门结构

门体包括车门内板、车门外板、车门窗框、车门加强横梁和车门加强板。车门附件包括车门铰链、车门开度限位器、门锁机构及内外手柄、车门玻璃、玻璃升降机和密封条。车门结构如图3-1所示。

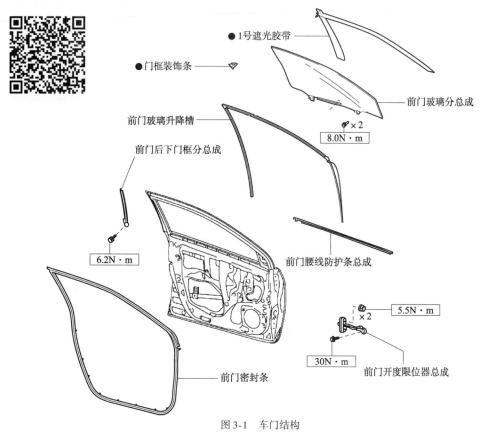

图3-1 车门结构

3 车门间隙

在进行汽车前后车门的拆卸时,首先要知道前后车门与车身之间的标准间隙,以便在安装车门之后,对车门进行检查和调整。车门各处间隙如图3-2所示,标准间隙见表3-1。

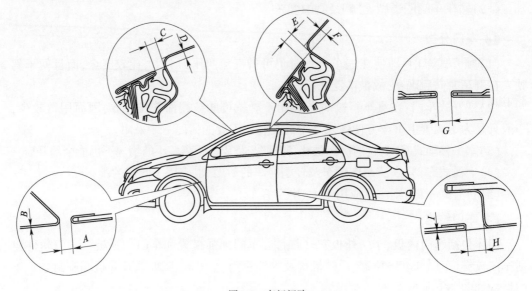

图3-2 车门间隙

车 门 标 准 间 隙　　　　　　　　　　　表3-1

车门各部位间隙	标准值(mm)	车门各部位间隙	标准值(mm)
A	2.8~5.5	F	3.1~6.1
B	-1.5~1.5	G	3.3~6.3
C	4.0~7.0	H	3.3~6.3
D	2.9~5.9	I	-1.5~1.5
E	4.0~7.0		

(二)轿车翼子板的作用及安装位置

1 概述

翼子板是遮盖车轮的车身外板,因旧式车身该部件形状及位置似鸟翼而得名。

翼子板按照安装位置不同又分为前翼子板和后翼子板。前翼子板安装在前轮处,因此必须要保证前轮转动及跳动时的最大极限空间,因此设计者会根据选定的轮胎型号尺寸用"车轮跳动图"来验证翼子板的设计尺寸。后翼子板无车轮转动碰擦的问题,但出于空气动力学的考虑,后翼子板略显拱形弧线向外凸出。

现在有些汽车的翼子板已与车身制成一个整体。但大多数汽车的翼子板是独立的,尤其是前翼子板,因为前翼子板碰撞机会比较多,独立装配容易整件更换。有些汽车的前翼子板用具有一定弹性的塑性材料(例如塑料)制成。塑性材料具有缓冲性,安全性较高。

学习任务3 车身螺栓连接件的拆装

❷ 翼子板的作用

翼子板的作用是：在汽车行驶过程中，防止被车轮卷起的砂石、泥浆溅到车厢的底部。因此，要求所使用材料具有耐气候老化和良好的成形加工性。材料一般使用高强度镀锌钢板，也属于低碳钢，厚度在0.75mm左右。前翼子板多用螺栓连接方式固定在车身上，后翼子板与车身制成一个整体。

❸ 翼子板的结构

前翼子板由外板覆盖件和内板加强件组成，内板加强件采用树脂或电阻点焊等形式将其连接成一体，前翼子板外板覆盖件采用螺栓连接方式固定。

（三）发动机舱盖的结构及间隙要求

❶ 发动机舱盖的结构

发动机舱盖的结构如图3-3所示，它主要由带隔垫的发动机罩、清洗器喷嘴分总成、清洗器软管总成及连接螺栓等组成。发动机舱盖通过左、右两侧各2个铰链螺栓（M12）和车身连接在一起。

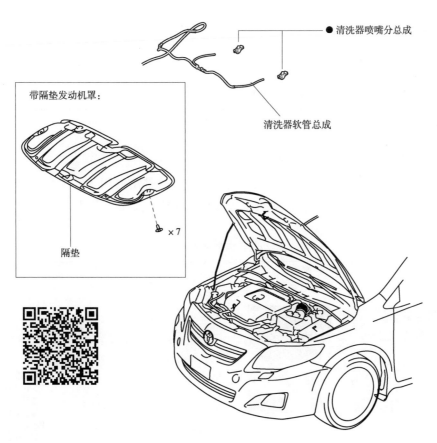

图3-3 发动机舱盖的结构

2 发动机舱盖的间隙要求

在进行汽车发动机舱盖的拆卸时,首先要知道发动机舱盖与相邻部件之间的标准间隙,以便在安装发动机舱盖之后,对发动机舱盖进行检查和调整。发动机舱盖各处检测部位如图 3-4 所示,标准间隙值见表 3-2。

图 3-4 检测部位

发动机舱盖标准间隙　　　　　　　　　　　　　　　　　表 3-2

各部位间隙	标 准 值(mm)	各部位间隙	标 准 值(mm)
A	3.1~6.1	B	-1.5~1.5
C	2.3~5.3		

(四)常用拆装工具的使用

1 手动工具名称及使用方法

如表 3-3 所示,车身修复技师每天使用的很多工具都是通用手动工具,如扳手、螺钉旋具、钳子等。但是车身修复中也有许多不太常见的特定类型的工具,专门为特定的工业紧固件而设计。

手动工具名称及使用方法　　　　　　　　　　　　　　　表 3-3

手动工具名称及图解	使 用 方 法
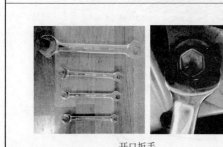 开口扳手	可在螺栓和螺母旁边滑入滑出,能在紧固件上部或一边间隙不足、无法使用套筒扳手的地方使用

续上表

手动工具名称及图解	使用方法
 套筒扳手	长套筒较长,用手完全套在双头螺柱上。套筒尺寸在成套的套筒扳手中,每个套筒的尺寸随驱动尺寸及紧固件头部的尺寸而定
  活扳手	有一固定钳口和一个可动钳口。扳手开口靠旋转与下部钳口的齿相啮合的调整螺钉进行调整。钳口间开口可从完全闭合到最大张开宽度
  一字和十字螺钉旋具	一字螺钉旋具刀口只有一个尖齿能插入到一字螺钉头槽中。 十字螺钉旋具的刀口有4个尖齿能插入到十字螺钉头中的4个槽。这种形式的紧固件在汽车中最常用
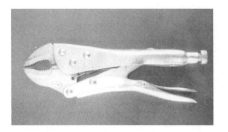 大力钳	大力钳是最常见的钳子。其钳口既有平的表面也有弯曲的表面,用于握持平或圆的工件。组合钳也称作滑动支点钳,有两个张开的钳口,一个钳口可以靠装在另个钳口上的销钉上移或下移,来变化开口的大小

续上表

手动工具名称及图解	使用方法
平板钳	平板钳除了能以非常大的夹紧力夹紧物体外,其他方面与标准型钳子相似
C形钳	C形钳用来夹持带凸缘或轮缘的零件很方便
划针	划针在金属板件放样时使用,可以在板件上划出展开图形或定位线条
冲头和錾子	冲子是一个长形冲头,用于焊接和拧螺栓时车身板件的定位,例如用于翼子板螺栓孔和保险杠的定位。 錾子是有硬化刃口的钢棒,用于切断钢材

续上表

手 动 工 具 名 称 及 图 解	使 用 方 法
球头锤	球头锤是一种对所有钣金作业都有用的多用途工具。它比车身锤重,用于矫正弯曲的基础结构,修平重规格部件和粗成形车身部件
软锤	软锤(橡胶锤或木锤)能够柔和地锤击薄钢板,而不会损坏喷漆表面。它经常与吸杯配用于修复"塌陷型"的车身表面
轻铁锤	轻铁锤是复原损毁的厚钣金件第一阶段所必需的工具。因此能在紧凑的地方使用。在修理时用轻铁锤敲打损毁的金属板使其大致回到原形,在更换金属板时则用于清理损坏的金属板
镐锤（宽嘴锤、镐锤、长点锤、点镐、宽嘴横锤、收缩横锤、收缩锤、长镐、收缩锤、宽面冲击锤、反向曲面轻冲击锤、短曲面横锤）	镐锤一端是尖顶,另一端通常是平顶的。镐锤能维修许多小凹陷。其尖顶用于将凹陷从内部端锤出,对中心进行柔和的轻打即可

续上表

手动工具名称及图解	使用方法
冲击锤	冲击锤用于凹陷板面的初步矫正,或内部板件和加强部位的加工,这种场合需要较大的力而不要求光洁表面
 精修锤	精修锤,用冲击锤去除凹陷之后,用精修锤敲出最后的外形。冲击表面小
 顶铁	顶铁的作用像一个铁砧,它通常被顶在金属板锤敲击面的背面。用锤和顶铁一起作业使高起的部位下降,使低凹部位升上去
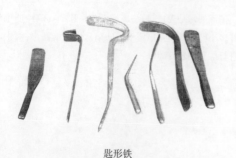 匙形铁	匙形铁有许多种的形状和尺寸,可与不同的板件形状相匹配。匙形铁的平直表面把敲打力分布在很宽的范围内,在皱褶和隆起部位特别有用

学习任务3 车身螺栓连接件的拆装

续上表

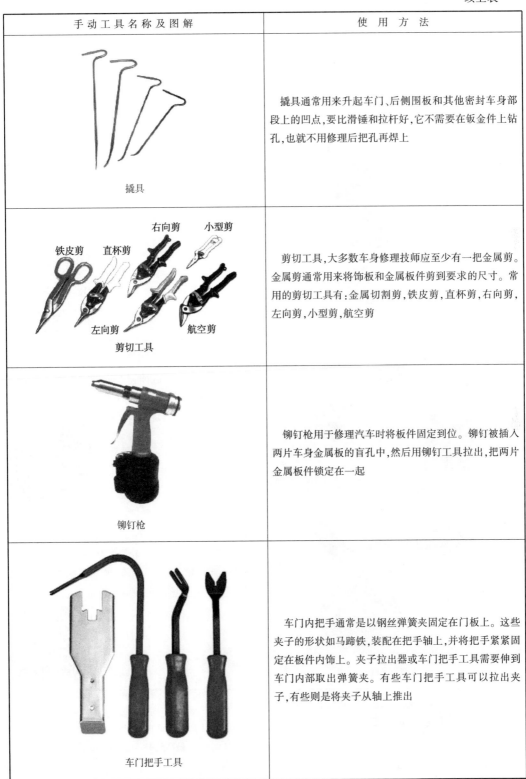

手动工具名称及图解	使 用 方 法
撬具	撬具通常用来升起车门、后侧围板和其他密封车身部段上的凹点，要比滑锤和拉杆好，它不需要在钣金件上钻孔，也就不用修理后把孔再焊上
剪切工具（铁皮剪、直杯剪、右向剪、小型剪、左向剪、航空剪）	剪切工具，大多数车身修理技师应至少有一把金属剪。金属剪通常用来将饰板和金属板件剪到要求的尺寸。常用的剪切工具有：金属切割剪，铁皮剪，直杯剪，右向剪，左向剪，小型剪，航空剪
铆钉枪	铆钉枪用于修理汽车时将板件固定到位。铆钉被插入两片车身金属板的盲孔中，然后用铆钉工具拉出，把两片金属板件锁定在一起
车门把手工具	车门内把手通常是以钢丝弹簧夹固定在门板上。这些夹子的形状如马蹄铁，装配在把手轴上，并将把手紧紧固定在板件内饰上。夹子拉出器或车门把手工具需要伸到车门内部取出弹簧夹。有些车门把手工具可以拉出夹子，有些则是将夹子从轴上推出

汽车车身与附属设备

❷ 气动工具名称及使用方法

如表 3-4 所示,动力工具是利用气压、油压或电能进行维修工作,包括气动扳手、空气钻、电钻、打磨机及类似工具。车身修复技师通过使用多种多样的动力工具,大大简化了作业难度,提高了工作效率。

气动工具名称及使用方法　　　　　　　　　表 3-4

气动工具名称及图解	使 用 方 法
气动扳手	气动扳手用于涉及螺纹紧固件的任何作业,用气动扳手可以进行得更快更方便
去除焊点空气钻	专用去除焊点的空气钻和附件可切开点焊件。切开点焊件时,空气钻可以用夹钳紧固在焊接地方,这样易于进行操作。切削时不会偏离焊接点中心
圆盘磨光机	经常使用的是直径 7in 的砂轮。低速转动的磨光机可用来清除油漆,最常用的砂轮粒度为 16 号。粒度为 24 号或 36 号的砂轮用来清除金属。而更高粒度则用来清除锉平时留下的痕迹或对金属进行抛光
气动剪刀	气动剪刀用于切断、修理和剪外形。可剪切塑料板、白铁皮和其他金属,最高到 18 号轧制钢板

44

学习任务3　车身螺栓连接件的拆装

续上表

气动工具名称及图解	使 用 方 法
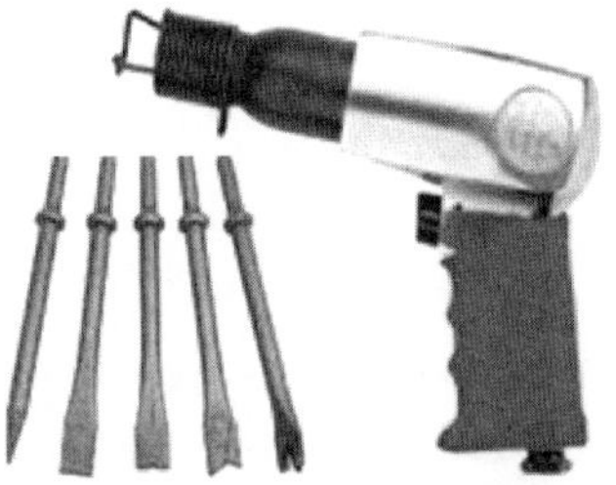 气动錾	气动錾是车身修复中最有用的工具之一,特别是用作焊点去除器。它主要能够完成:板件卷边、破开减振器螺母,去除底漆及其他漆层,排气尾管切断等,也可用于切断铆钉、螺母和螺栓及去除焊渣等工作
 气动锯	气动锯具有金属车间里许多金属的切锯功能
 空气喷射枪	车间最小的气动工具,也是最有用的工具之一。它可以吹掉难以达到地方的所有灰尘和污物
 气动砂带机	主要用于狭小、复杂及难进入研磨的部位研磨

❸ 电动工具名称及使用方法(表3-5)

电动工具名称及使用方法　　　　表3-5

电动工具名称及图解	使 用 方 法
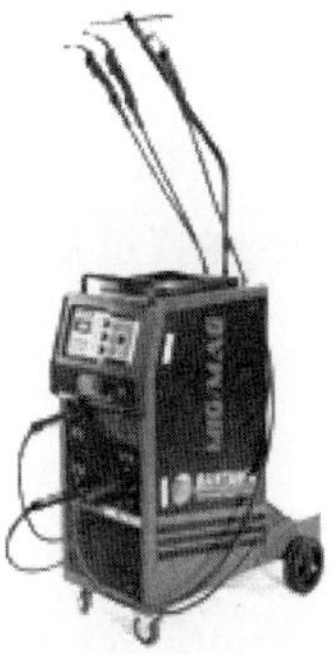 MIG焊机	MIG焊是最常见的钢制承载式车身板件、中等厚度液压成形车架及重金属全框架车架的焊接方法

续上表

电动工具名称及图解	使 用 方 法
点焊机	电阻点焊通过低压电流流过夹紧在一起的两块金属产生的电阻热和焊接电极的挤压力来完成
热风枪	用于车身车间中需要集中加热的众多作业中。它用于几乎所有乙烯树脂车顶修理,也用于其他塑料件的修理;它可以用于有些板件的收缩作业,还可以用于缩短干燥时间
矫正机	基本有两种类型:移动式和固定式。移动式矫正机购置费用很少,但它不能像固定式装置那样在同一时间内进行多种推拉作业

二 任务实施

在一辆轿车上,以正确的拆装工艺对轿车的车门总成、前翼子板及发动机罩进行拆装,并通过适当的手段调整,使其基本达到原有的技术要求,具体拆装过程,见操作步骤。

❶ 准备工作

(1)常用拆装工具一套。

(2)卡扣专用拆卸工具一套。

❷ 技术要求与注意事项

(1)技术要求:

①了解翼子板总成、车门总成、发动机罩的组成及结构特点。
②熟悉翼子板总成、车门总成、发动机罩在车身上的设计特点和作用。
③掌握翼子板总成、车门总成、发动机罩的拆装与更换操作技能。
④掌握拆装翼子板总成、车门总成、发动机罩过程中,各附件的拆装工艺。

(2)注意事项:

①翼子板总成、车门总成、发动机罩不能有变形、锈蚀、断裂等现象,且外漆面要保证完好,无漆膜缺陷。

②前翼子板与发动机罩之间的标准间隙为 2.3~5.3mm,安装到位后应在标准间隙范围内。

③前翼子板与前门之间的标准间隙为 2.8~5.8mm,安装到位后应在标准间隙范围内。

④发动机罩调整标准间隙到位后,固定螺栓的拧紧力矩为 7.5N·m。

⑤发动机罩关闭后,发动机罩和翼子板的高度应对齐,如高度不一致,可通过转动橡胶垫升高或降低发动机罩前端来进行调整。

3 操作步骤

(1)轿车车门总成的拆装与调整。

①前车门拆卸步骤。

a. 从蓄电池断开负极电缆,如图 3-5 所示。

注意:断开蓄电池电缆后重新连接时,某些系统需要初始化。

b. 拆除车门内饰线束,如图 3-6 所示。

(a)拆掉车门内饰卡扣。

(b)将车门内饰线束拆除。

图 3-5 从蓄电池断开负极电缆

图 3-6 拆除车门内饰线束

c. 拆卸前门开度限位器总成。用 10 号套筒拆下螺栓、2 个螺母和前门开度限位器总成,如图 3-7 所示。

d. 用 12 号梅花扳手拆下车门铰链螺栓,如图 3-8 所示。

e. 右侧车门的拆卸,如图 3-9 所示。

提示:右侧车门与左侧车门程序相同。

图3-7 拆卸前门开度限位器总成

图3-8 拆下车门铰链螺栓

②前车门安装步骤。

a. 安装车门铰链。用12号梅花扳手装上铰链螺栓,如图3-10所示。(注:力矩:26N·m)

图3-9 右侧车门的拆卸

图3-10 安装铰链螺栓

b. 安装前门开度限位器总成。安装螺栓、2个螺母和前门开度限位器总成,如图3-11所示。

c. 安装车门内线束。

(a)布置线束。

(b)安装线束卡扣,如图3-12所示。

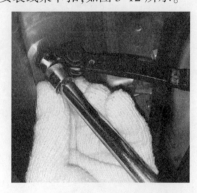

图3-11 安装前门开度限位器

图3-12 安装车门内线束

d. 车门附件的安装,如图3-13所示。

注意:车门内饰安装见学习任务4。

③后车门拆卸步骤。

a. 从蓄电池负极端子断开电缆,如图3-14所示。

注意:断开蓄电池电缆后重新连接时,某些系统需要初始化。

图3-13　安装车门附件

图3-14　从蓄电池负极端子断开电缆

b. 车门内饰的拆卸,如图3-15所示。

注意:车门内饰拆卸见学习任务4。

c. 拆除车门内饰线束。

(a)拆掉车门内饰卡扣。

(b)将车门内饰线束拆除,如图3-16所示。

图3-15　车门内饰的拆卸

图3-16　拆除车门内饰线束

d. 拆卸后门开度限位器总成。用10号套筒拆下螺栓、2个螺母和前门开度限位器总成,如图3-17所示。

e. 用12号梅花扳手拆下4个车门铰链螺栓,如图3-18所示。

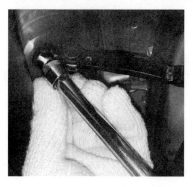

图3-17　拆卸后门开度限位器总成

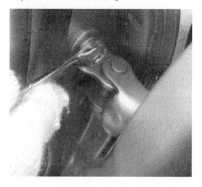

图3-18　拆下车门铰链螺栓

④后车门安装步骤。

a. 安装车门铰链。用12号梅花扳手装上铰链螺栓,如图3-19所示(力矩:26N·m)。

b. 安装后门开度限位器总成。拧紧螺栓、2个螺母和前门开度限位器总成,如图3-20所示。

图3-19 安装车门铰链

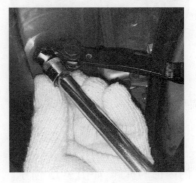

图3-20 安装后门开度限位器总成

c. 安装车门内线束,如图3-21所示。

(a)布置线束。

(b)安装线束卡扣。

d. 车门内附件的安装,如图3-22所示。

注意:车门内饰安装见学习任务4。

图3-21 安装车门内线束

图3-22 车门内附件的安装

⑤前后车门间隙的调整。

定心螺栓与标准螺栓如图3-23所示。

提示:右侧的操作程序与左侧相同。用定心螺栓将车门铰链固定在车身与车门上。车门上安装了定心螺栓后,不能调整车门。进行调整时,可用标准螺栓(带垫圈)替换定心螺栓。

a. 从蓄电池负极端子断开电缆。如图3-24所示。

注意:断开负极端子后等待90s,以防止气囊展开。对于装备了侧气囊和窗帘式安全气囊的车辆,在开始调整车门位置前,确保断开蓄电池。调整完毕之后,检查SRS警告灯、侧气囊系统与窗帘式安全气囊系统是否工作正常。然后对两个气囊系统进行初始化。

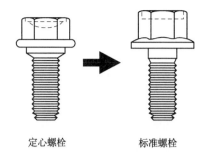

图 3-23　定心螺栓与标准螺栓

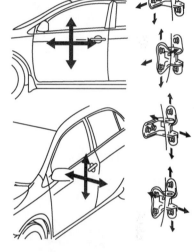

图 3-24　断开蓄电池负极

b. 调整前门,如图 3-25 所示。

(a)使用 SST,松开车身上的铰链螺栓并调整车门位置。

(b)调整完毕后,紧固车身上的铰链螺栓。

力矩:26N·m。

(c)松开车门上的铰链螺栓并调整车门位置。

(d)调整完毕后,紧固车门上的铰链螺栓。

力矩:26N·m。

c. 调整锁扣位置,如图 3-26 所示。

(a)用梅花套筒扳手稍微松开锁扣安装。

螺钉并用塑料锤敲击锁扣,以调整锁扣位置。

(b)调整完毕后,用梅花套筒扳手紧固锁扣安装螺钉。

力矩:23N·m。

图 3-25　调整前门

d. 将电缆连接到蓄电池负极端子,如图 3-27 所示。

注意:断开蓄电池电缆后重新连接时,某些系统需要初始化。

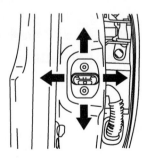

图 3-26　调整锁扣位置

图 3-27　连接蓄电池负极

(2)轿车翼子板的拆装与调整。

①拆卸步骤。

a. 拆卸前保险杠。见学习任务 4。

b. 拆卸前翼子板内衬。

使用卡扣拆卸专用工具将前翼子板8只内衬卡扣拆下并取出翼子板内衬。

注意：卡扣为塑料材料，撬出时用力要适度，防止损坏，如图3-28所示。

c. 拆卸刮水臂。

（a）使用一字螺丝刀或卡扣专用拆卸工具将前刮水臂总成2个端盖撬出，如图3-29所示。

图3-28　拆卸翼子板内衬卡扣

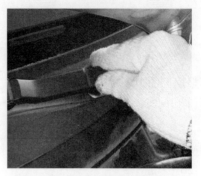
图3-29　撬出刮水臂端盖

（b）使用10号套筒、接杆、棘轮扳手将2只刮水臂总成固定螺栓拧松，如图3-30所示。

（c）将刮水臂总成折起，双手握住刮水臂总成轻轻左右摇动，将刮水臂总成与连杆总成分离，如图3-31所示。

图3-30　拆卸刮水臂总成固定螺栓

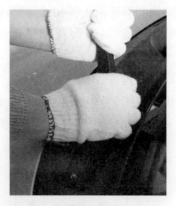
图3-31　拆卸刮水臂总成

d. 拆卸通风挡板。

（a）使用卡扣专用拆卸工具将发动机罩至前围板上密封条的卡扣撬出，如图3-32所示。

（b）取下密封条，如图3-33所示。

（c）将上通风栅板往下拉，使上通风栅板上的14只卡扣与风窗玻璃脱离，并取下上通风栅板，如图3-34所示。

（d）拆卸前柱上分盖总成。

使用卡扣拆卸专用工具将前柱上盖分总成撬出，并取下，如图3-35所示。

学习任务3　车身螺栓连接件的拆装

图3-32　撬出前围板上密封条卡扣

图3-33　取下密封条

图3-34　取下上通风板

图3-35　拆卸前柱上分盖总成

e.拆卸侧转向灯。

使用一字螺丝刀或卡扣拆卸专用工具,将侧转向灯从翼子板孔中撬出,如翼子板内衬在拆除的状态下,可用手将侧转向灯顶出,并拔下连接插头,如图3-36所示。

f.拆卸翼子板。

(a)使用10号套筒、接杆、棘轮扳手拧松翼子板上7只固定螺栓,如图3-37所示。

注意:拆卸翼子板固定螺栓连接部位时,要先将7只螺栓全部拧松,禁止一次拧下,防止板件因应力造成变形。

图3-36　拆卸转向灯

图3-37　拆出翼子板固定螺栓

(b)双手扶住翼子板总成两端,将总成从车身上取下,如图3-38所示。

②安装步骤。

a.安装前翼子板。双手扶住翼子板总成两端,将翼子板总成安装在车身上,如图3-39所示。

53

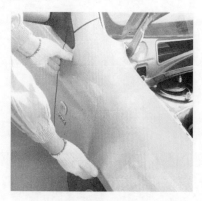

图3-38 取下翼子板总成

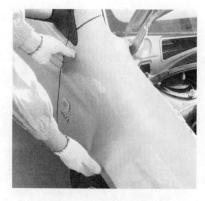

图3-39 安装翼子板总成

b. 将相应翼子板螺栓装入相应安装孔中,并用10号套筒拧紧相应固定螺栓,如图3-40所示。

注意:检查翼子板总成与前车门的间隙是否在2.8~5.8mm范围,然后分两次将固定螺栓逐个按规定力矩拧紧。拧紧力矩为7.5N·m。

c. 将前翼子板固定螺栓安装到位后,将发动机罩放下,检查翼子板总成与发动机罩总成之间的间隙(标准间隙为2.3~5.3mm),如图3-41所示。

图3-40 安装翼子板螺栓

图3-41 调整翼子板总成与发动机罩间隙

d. 将前翼子板固定螺栓安装到位后,检查翼子板总成与前车门总成之间的间隙(标准间隙为2.8~5.8mm),如图3-42所示。

e. 安装侧转向灯。将侧转向灯连接器从转向灯孔中穿出,并将转向灯连接器和转向灯接上,如图3-43所示。

f. 安装前柱上分盖总成。用双手拇指将前柱上分盖总成按入前柱,如图3-44所示。

g. 安装上通风栅板。将上通风栅板扣入风窗玻璃内,使上通风栅板上的14只卡扣与风窗玻璃接合,如图3-45所示。

h. 安装上密封条。将发动机舱盖至前围板的上密封条装上,并将卡扣装入,如图3-46所示。

i. 安装刮水臂。

(a)把发动机舱盖总成放下,并将两个刮水臂装入刮水连杆总成,如图3-47所示。

学习任务 3　车身螺栓连接件的拆装

图 3-42　检查翼子板总成与前车门的间隙

图 3-43　安装侧转向灯

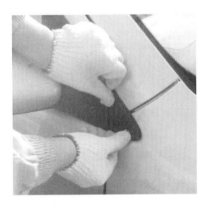

图 3-44　安装前柱上分盖总成

图 3-45　安装上通风栅板

图 3-46　安装上密封条

图 3-47　安装刮水臂

（b）用手将刮水器固定螺栓拧入刮水器联动杆中。再用 10 号套筒、接杆、棘轮扳手将 2 只刮水臂固定螺栓拧紧，如图 3-48 所示。

j. 固定翼子板内衬。

（a）用手握住翼子板内衬前端，将翼子板内衬装入挡泥板位置，如图 3-49 所示。

（b）将前翼子板内衬 4 只密封垫和 8 只内衬卡扣扣入相应安装孔，如图 3-50 所示。

k. 安装前保险杠，参考学习任务 4。如图 3-51 所示。

（3）轿车发动机舱盖的拆装与调整。

①发动机舱盖拆卸步骤。

图 3-48　安装刮水臂固定螺栓

图 3-49　安装翼子板内衬

图 3-50　安装翼子板内衬密封垫及卡扣

图 3-51　安装前保险杠

a. 拆卸清洗器喷嘴分总成。用螺丝刀脱开两个卡爪并拆下清洗器喷嘴分总成,如图 3-52 所示。

注意:注意不要损坏风窗玻璃;使用螺丝刀之前,在螺丝刀头部缠上胶带。

b. 断开清洗器软管总成,如图 3-53 所示。

注意:清洗器喷嘴不能重复使用。

图 3-52　拆下清洗器喷嘴分总成

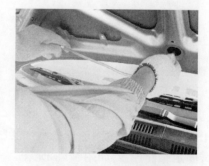
图 3-53　断开清洗器软管总成

②发动机舱盖的调整。

a. 拆卸散热器上空气导流板。用一字螺丝刀拆下图 3-54 所示的 6 个卡子和空气导流板。

b. 断开 1 号水软管卡夹支架,如图 3-55 所示。

用 10 号丁字套筒拆下两个螺栓并从散热器支架处断开 1 号水软管卡夹支架。

学习任务3　车身螺栓连接件的拆装

图3-54　空气导流板的卡子

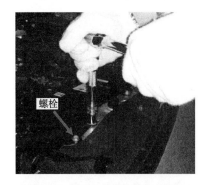
图3-55　拆下1号水软管卡夹支架

c. 调整发动机舱盖分总成。

(a)水平与垂直方向调整发动机舱盖。

松开发动机舱盖上的铰链螺栓;移动发动机舱盖,调整发动机舱盖与前翼子板之间的间隙,如图3-56所示;调整后,紧固铰链螺栓。力矩:13N·m。

(b)调整发动机舱盖前端高度。

如图3-57所示,通过转动橡胶垫来升高或降低发动机舱盖高度,以使发动机舱盖和翼子板高度对齐。

图3-56　移动发动机舱盖

图3-57　转动橡胶垫来调整发动机舱盖高度

(c)调整发动机舱盖锁,如图3-58所示。

用10号套筒扳手松开3个螺栓;调整后,紧固螺栓;力矩:8N·m。检查并确认锁扣与发动机舱盖锁能否顺利接合。

③发动机舱盖安装步骤。

a. 连接清洗器软管总成,如图3-59所示。

图3-58　调整发动机舱盖锁

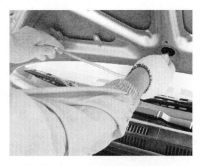
图3-59　连接清洗器软管总成

b. 调整清洗器喷嘴分总成,如图3-60所示。

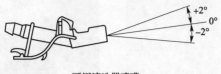

可用清洗器喷嘴

　-2°　　　　0°　　　　+2°

清洗液喷洒角度

图3-60　调整清洗器喷嘴分总成

图3-61　安装清洗器喷嘴分总成

选择一个清洗器喷嘴分总成,以保证清洗器的喷射区域符合标准。否则必须进行更换。

c. 安装清洗器喷嘴分总成,如图3-61所示。

将新的清洗器喷嘴分总成连接至清洗器软管。

d. 检查清洗器喷嘴分总成。

(a)发动机运转时,检查清洗液在风窗玻璃上的喷射位置。

(b)图3-62所示为清洗液在风窗玻璃上的喷射区域。

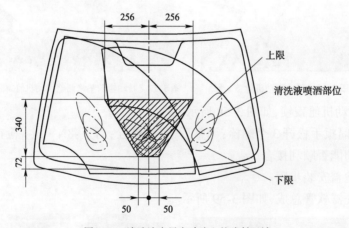

图3-62　清洗液在风窗玻璃上的喷射区域

三　学习拓展

要对汽车前排座椅总成(手动)和后排座椅总成进行拆装,首先要认识汽车前排座椅和后排座椅总成的结构及其固定方式。

(一)汽车座椅总成结构

汽车前排座椅总成(手动)结构和后排座椅结构见表3-6,通过螺栓与车身连接。

前排座椅总成(手动)和后排座椅总成的结构　　　　　　　　表3-6

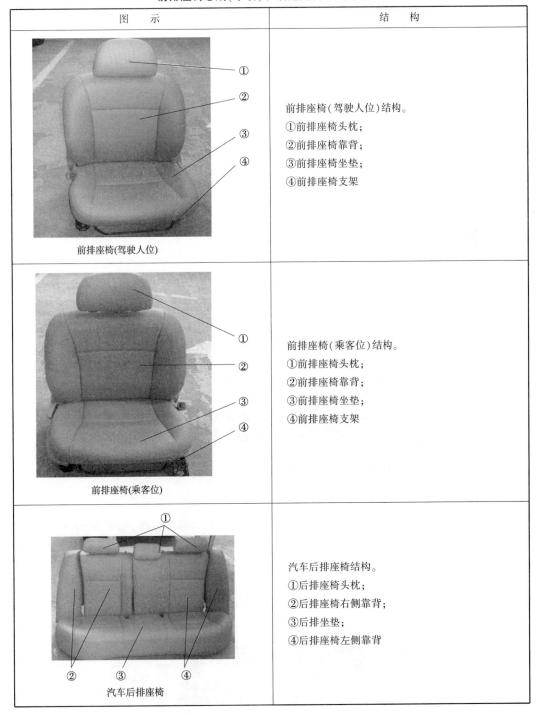

图　示	结　构
前排座椅(驾驶人位)	前排座椅(驾驶人位)结构。 ①前排座椅头枕; ②前排座椅靠背; ③前排座椅坐垫; ④前排座椅支架
前排座椅(乘客位)	前排座椅(乘客位)结构。 ①前排座椅头枕; ②前排座椅靠背; ③前排座椅坐垫; ④前排座椅支架
汽车后排座椅	汽车后排座椅结构。 ①后排座椅头枕; ②后排座椅右侧靠背; ③后排坐垫; ④后排座椅左侧靠背

(二)任务实施

1 准备工作

(1)常用拆装工具一套。

(2)卡扣专用拆卸工具一套。

2 技术要求与注意事项

(1)技术要求：

①了解座椅总成的组成及结构特点。

②熟悉座椅总成设计特点和作用。

③掌握座椅总成的拆装与更换操作技能。

④掌握拆装座椅过程中，各附件的拆装工艺。

(2)注意事项：

①座椅总成不能有变形、断裂(破裂)等现象，且外饰面要保证完好，无损坏。

②座椅总成安装后，进行各部位的调整。

3 操作步骤

(1)前排座椅的拆装。

①拆卸步骤。

a. 打开前门(驾驶人位)，如图3-63所示。

注意：保持车内清洁。

b. 前排座椅(驾驶人位)向后倾斜，拆卸头枕，如图3-64所示。

图3-63　汽车前排座椅(驾驶人位)　　　　图3-64　拆卸头枕

c. 前排座椅(驾驶人位)向后移，用14号套筒把前2个螺栓拆卸，如图3-65所示。

d. 前排座椅(驾驶人位)向前移，用小号螺丝刀把螺栓饰盖拆卸，用14号套筒把后2个螺栓拆卸，如图3-66所示。

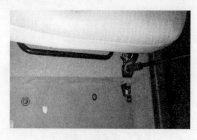
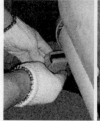

图3-65　拆卸前2个螺栓　　　　图3-66　拆卸后2个螺栓

e. 汽车前排座椅(驾驶人位)移出，用小号一字螺丝刀把线插拆卸，如图3-67所示。

注意：移动前排座椅(驾驶人位)时，避免座椅支架损伤车内饰板，如图3-68所示。

图3-67　拆卸前排座椅(驾驶人位)线插

图3-68　移动前排座椅(驾驶人位)

②安装步骤。

a. 前准备好排座椅(驾驶人位),如图3-69所示。

b. 座椅移到车内时,避免支架损伤车内饰板,如图3-70所示。

图3-69　前排座椅(驾驶人位)

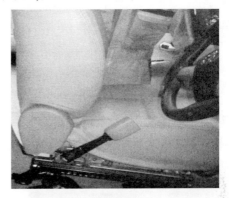
图3-70　把前排座椅移到车内

c. 用14号套筒紧固前排座椅螺栓(4个)。后门2个螺栓饰盖装好,如图3-71所示。

(2)后排座椅的拆装。

①拆卸步骤。

a. 用手轻轻向上提,把后排座椅坐垫左、右两个卡扣拔出,如图3-72所示。

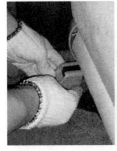    

图3-71　紧固前排座椅螺栓(4个)　　　　　图3-72　拆卸后排座椅坐垫

b. 后排座椅左侧靠背锁拉杆向上提,把后排座椅左侧靠背放下,如图3-73所示。

c. 用14号套筒把后排座椅左侧靠背2个固定螺栓拆卸,如图3-74所示。

d. 用10号套筒把螺栓拆卸,左侧靠背向上提,如图3-75所示。

e. 后排座椅右侧靠背锁拉杆向上提，把后排座椅左侧靠背放下，如图3-76所示。

图3-73 拆卸后排座椅左侧靠背

图3-74 拆卸后排座椅左侧靠背螺栓

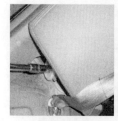

图3-75 提起左侧靠背

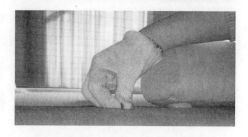

图3-76 提起后排座椅右侧靠背锁拉杆

f. 用14号套筒把后排座椅右侧靠背2个固定螺栓拆卸，如图3-77所示。

g. 用10号套筒把螺栓拆卸，右侧靠背向上提，如图3-78所示。

图3-77 拆卸后排座椅右侧靠背螺栓

图3-78 提起右侧靠背

②安装步骤。

a. 后排座椅左侧靠背卡扣对准孔位向下拉，用10号套筒紧固螺栓，如图3-79所示。

b. 用14号套筒把后排座椅左侧靠背2个固定螺栓紧固，如图3-80所示。

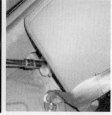

图3-79 安装左侧靠背

图3-80 紧固左侧靠背螺栓

c. 后排座椅左侧靠背向后靠,锁好靠背锁,如图 3-81 所示。
d. 后排座椅右侧靠背卡扣对准孔位向下拉,用 10 号套筒紧固螺栓,如图 3-82 所示。

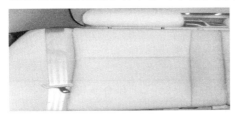
图 3-81 锁好左侧靠背锁

图 3-82 安装右侧靠背

e. 用 14 号套筒把后排座椅右侧靠背 2 个固定螺栓紧固,如图 3-83 所示。
f. 后排座椅右侧靠背向后靠,锁好靠背锁,如图 3-84 所示。

图 3-83 紧固右侧靠背螺栓

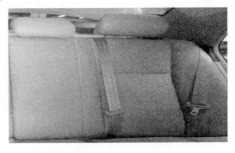
图 3-84 锁好右侧靠背锁

四 评价与反馈

❶ 自我评价

(1)通过本学习任务的学习你是否已经知道以下问题:
①使用常用拆装工具时的注意事项有哪些?

②前后车门、前翼子板及发动机舱盖的调整间隙是多少?

③简述轿车车门总成拆装与调整的工艺流程。

④简述轿车前翼子板拆装与调整的工艺流程。

⑤简述轿车发动机罩拆装与调整的工艺流程。

(2)本学习任务的学习过程中用到了哪些设备?

(3)实训过程完成情况如何?

(4) 通过本学习任务的学习,你认为自己的知识和技能还有哪些欠缺?

_____。

签名:_____　　　____年___月___日

❷ 小组评价(表3-7)

小组评价表　　　　　　　　　　　　　　表3-7

序号	评价项目	评价情况
1	着装是否符合要求	
2	是否能合理规范地使用仪器和设备	
3	是否按照安全和规范的流程操作	
4	是否遵守学习、实训场地的规章制度	
5	是否能保持学习、实训场地整洁	
6	团结协作情况	

参与评价的同学签名:_____　　　____年___月___日

❸ 教师评价

_____
_____。

教师签名:_____　　　____年___月___日

五　技能考核标准(表3-8)

技能考核表　　　　　　　　　　　　　　表3-8

序号	项目	操作内容	规定分	评分标准	得分
1	轿车车门总成的拆装与调整	拆装工具的使用	10分	是否正确使用,每错1处扣1分	
		车门总成的拆装工艺	10分	流程是否正确,每错1处扣1分	
		车门总成的间隙调整	10分	调整方法是否正确,每错1处扣1分	
		车门总成装复的整体效果	5分	效果是否达标,每错1处扣1分	
2	轿车翼子板的拆装与调整	拆装工具的使用	10分	是否正确使用,每错1处扣1分	
		翼子板的拆装工艺	10分	流程是否正确,每错1处扣1分	
		翼子板的间隙调整	10分	调整方法是否正确,每错1处扣1分	
3	轿车发动机舱盖的拆装与调整	拆装工具的使用	10分	是否正确使用,每错1处扣1分	
		发动机舱盖的拆装工艺	10分	流程是否正确,每错1处扣1分	
		发动机舱盖的间隙调整	10分	调整方法是否正确,每错1处扣1分	
		发动机舱盖装复的整体效果	5分	效果是否达标,每错1处扣1分	
	总　分		100分		

学习任务 4　车身卡扣连接件的拆装

学习目标

★ **知识目标**

1. 熟悉轿车保险杠的作用、结构及特点；
2. 熟悉车门内饰板、车门锁、玻璃升降机的作用、结构及特点；
3. 熟悉常用螺栓拆装工具、卡扣拆装工具的使用方法。

★ **技能目标**

1. 能运用所学知识对不同类型的保险杠总成进行正确的拆装；
2. 能运用所学知识对不同类型的车门内饰板、车门锁总成、玻璃升降机和车门玻璃进行正确的拆装。

 建议课时

24 课时。

 任务描述

一辆丰田卡罗拉轿车在过十字路口时，前车紧急制动，导致三辆汽车发生连环追尾事故。通过观察，发现卡罗拉前、后保险杠都发生了严重破损与变形，需要进行更换维修，车门有轻微变形，需进行矫正维修，因此维修人员需要对前、后保险杠和车门附件进行拆装。

一　理论知识准备

（一）车身采用卡扣连接的部位

卡扣用于零件间的连接，具有使用方便、简单牢靠、经济性好等特点，具体形状、材料因汽车厂商而有所差别，主要用于汽车车身的内、外饰件，如前后保险杠、散热器格栅、散热器空气导流板、发动机罩隔热垫、内轮罩、门内饰板、后视镜、仪表台、车身内饰板、行李舱等，如图4-1所示。

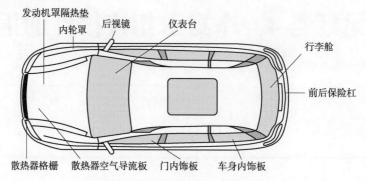

图4-1　车身采用卡扣连接的部位

（二）各种卡扣的介绍

卡扣类型较多，主要用来安装车内装饰件、装饰条，外部装饰件、线路等，如果强行拆下，可导致卡扣损坏且不能重复使用，如图4-2所示。

卡扣一般分内饰件卡扣、外饰件卡扣和连接器等，如图4-3~图4-5所示。

图4-2　各种类型卡扣　　　　　　　　　图4-3　内饰件卡扣

图4-4　外饰件卡扣　　　　　　　　　图4-5　连接器

（三）常用螺栓和螺钉的拆装工具、卡扣拆装工具的使用

在进行车身附件拆装作业中要用到各种扳手、螺丝刀、钳子和卡扣起子等，正确使用

学习任务 4　车身卡扣连接件的拆装

和维护这些工具,对提高车身修复质量有很重要的意义。拆装工具名称及使用方法,见表 4-1。

常用拆装工具名称及使用方法　　　　　　　　表 4-1

拆装工具名称及图解	使 用 方 法
套筒扳手	套筒扳手除了具有一般扳手的用途外,特别适用于旋转部位很狭小或较深处的六角螺母和螺栓,使用时不要施加过大的力矩,可能损坏棘爪的结构
梅花扳手	同开口扳手的用途相似,但两端是花环式的。其孔壁一般是 12 边形,可将螺栓和螺母头部套住,扭转力矩大,工作可靠,不易滑落,携带方便,适用于旋转空间狭小的场合
开口扳手	扳手开口方向与其中间柄部错开一个角度,通常有 15°、45°、90°等,以便在受限制的部位中扳动方便。使用时大拇指抵住扳头,另四指握紧扳手柄部往身边拉扳,不能在扳手手柄上接套管,这会造成超大力矩,损坏螺栓或开口扳手
活扳手	活扳手的开口宽度可调节,能在一定范围内变动尺寸。其优点是遇到不规则的螺母或螺栓时,更能发挥作用,故使用较广。使用活扳手时,扳手口要调节到螺母对边贴紧。扳动时,应使扳手可动部分承受推力,固定部分承受拉力,且用力必须均匀
螺丝刀	用于拆卸和更换螺钉,常用的有一字形和十字形两种,保持螺丝刀与螺钉尾端成直线,边用力边转动
尖嘴钳	其头部细长,能在较小的空间工作,带刃口的能剪切细小零件,切勿对钳子头部施加过大的压力

续上表

拆装工具名称及图解	使用方法
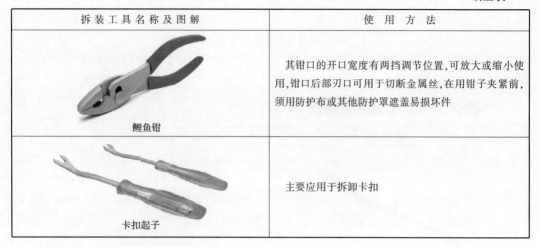 鲤鱼钳	其钳口的开口宽度有两挡调节位置,可放大或缩小使用,钳口后部刃口可用于切断金属丝,在用钳子夹紧前,须用防护布或其他防护罩遮盖易损坏件
卡扣起子	主要应用于拆卸卡扣

(四)轿车保险杠的结构和作用

1　轿车保险杠的结构

现代轿车的保险杠绝大多数用塑料制成,人们称为塑料保险杠。由外板、缓冲材料和横梁三部分组成,如图4-6、图4-7所示。其中外板和缓冲材料用塑料和泡沫制成,横梁(俗称防撞梁)用厚度为1.5mm左右的冷轧薄板冲压而成U形槽,少数高档轿车采用铝合金制成。外板和缓冲材料用卡扣等安装在车身附件上,横梁与车身纵梁采用螺栓连接,为维修方便,可以随时拆卸。

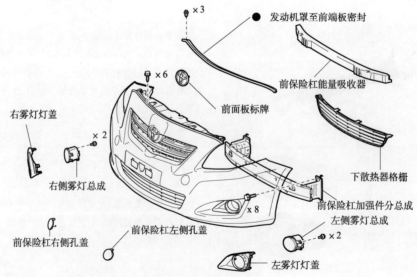

图4-6　汽车前保险杠结构

塑料保险杠一般使用聚酯系和聚丙烯系两种材料,采用注射成型法制作而成。国外有一种称为聚碳酯系的材料,渗进合金成分,采用合金注射成型的方法制成,加工出来的保险杠不但具有高强度的刚性,还具有可以焊接的优点,而且涂装性能好,在轿车上得到广泛运用。

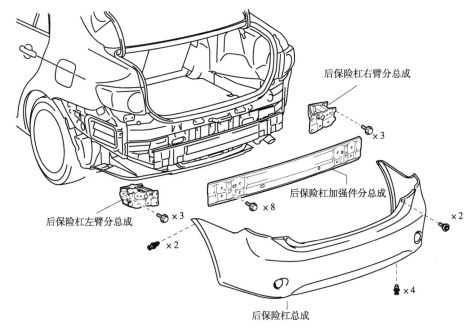

图4-7 汽车后保险杠结构

2 轿车保险杠的作用

汽车保险杠分为前保险杠和后保险杠,属于安全件。保险杠作为汽车外部防护零件的一部分,具有如下作用:

(1)在车辆发生碰撞时,起到减轻人员伤亡和车辆损坏的作用。

(2)为照明系统及前、后通风系统提供一定的安装空间与支撑。

(3)具有装饰、美化车身的作用。

(五)车门内饰板的结构和作用

1 车门内饰板的结构

车门内饰板总成主要由门内饰板本体、门内拉手分总成、门扶手座上板及支架总成、门喇叭盖等组成,如图4-8所示。

2 车门内饰板的作用

现在轿车的乘客室内,基本上都采用树脂内饰板遮盖,减少了直接裸露钢板的部位。同时内饰板不仅质感良好,当发生碰撞时,乘员不易受伤,起到一定的保护作用。内饰板一般用天然纤维纺织品、合成纤维纺织品、皮革、人造革、多层复合材料、连皮泡沫塑料等材料制成。内饰板和车身钢板之间还使用很多隔声材料,降低行驶过程中外界噪声的干扰,改善车内环境。车内装饰件档次的高低,相应也决定了车辆档次高低。

(六)门锁机构的结构和作用

1 门锁机构的结构

汽车门锁机构主要由门锁总成、控制机构、内外把手总成等组成,如图4-9所示。

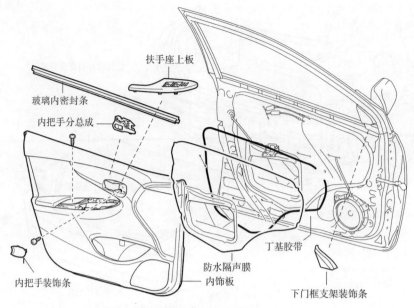

图 4-8 车门内饰板结构

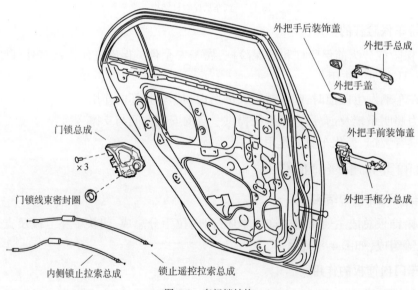

图 4-9 车门锁结构

2 门锁机构的作用

门锁是重要的安全机构,门锁由两个零件构成,一个零件固定在车门上,另一个零件固定在车身上,通过锁闩阻止车门向外打开,通过简单的杠杆运动或压揿按钮的动作将它们脱开。门锁必须工作可靠,在一定的冲击力作用下不会自行脱开。

(七)车窗玻璃及玻璃升降器的结构和作用

1 车窗玻璃及玻璃升降器的结构

汽车车窗主要由车门总成上的车窗支柱框架、车窗玻璃与框架的连接件嵌条等组成,如图4-10所示。玻璃升降器主要由电动机、玻璃安装托架、减速器、导向板等组成,控制核心是电动机。

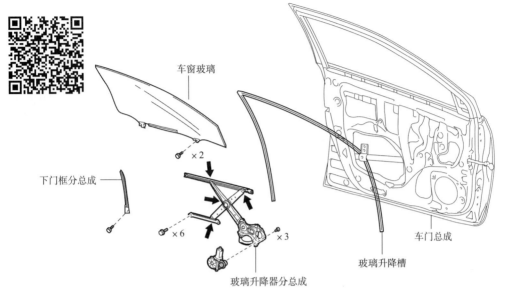

图4-10 汽车车窗结构

2 车窗玻璃及玻璃升降器的作用

车窗玻璃的基本功能是保证视野与采光,同时与整车形体协调,汽车上的车窗玻璃有前、后风窗和后侧窗等几种。

玻璃升降器主要起操控车窗玻璃升降的作用。电动机由双联开关按钮控制,设有升、降、关三个工作状态,开关不操纵时自动停在"关"的位置上。

二 任务实施

在一辆轿车上,以正确的拆装工艺对轿车的前、后保险杠,前、后车门附件,车顶内衬总成进行拆装,并通过适当的手段调整,使其基本达到原有的技术要求,具体拆装与调整过程,见操作步骤。

(一)轿车前、后保险杠的拆装

1 准备工作

(1)棘轮扳手、接杆、10号套筒。

(2)卡扣专用拆卸工具。

(3)一字螺丝刀(中、小号)、十字螺丝刀(中号)。

(4)8号、10号两用扳手。

2 技术要求与注意事项

(1)技术要求:

①了解前、后保险杠总成的组成及作用。

②正确描述前、后保险杠总成拆装的方法和工艺过程。

③会运用所学知识对不同类型的保险杠总成进行正确的拆装。

（2）注意事项：

①操作过程中，应尽量避免划伤保险杠面漆。

②在拆装的过程中，要注意保护表面装饰件不被划伤。

③作业人员必须佩戴好必要的劳保用品，以免意外发生。

④拆装过程中，要特别注意掌握合适的力度，禁止野蛮操作，损坏零部件，影响再次使用。

⑤如果装有倒车雷达的车辆，在取下后保险杠总成时要注意用力，避免把倒车雷达线束拉断。

⑥前保险杠加强件分总成固定螺栓的拧紧力矩为 50N·m。

⑦后保险杠加强件分总成固定螺栓的拧紧力矩为 12N·m。

⑧发动机罩和行李舱盖与前后保险杠的配合间隙值应在 ±1.5mm。

⑨前、后翼子板总成与前、后保险杠总成的配合间隙应小于 3mm。

3 操作步骤

（1）轿车前保险杠的拆装与调整。

①拆卸步骤。

a. 打开发动机舱盖，并将发动机支撑杆插入发动机舱盖支撑孔内，如图 4-11 所示。

b. 拆除蓄电池负极端子，如图 4-12 所示。

图 4-11　打开发动机舱盖

图 4-12　拆除蓄电池负极端子

c. 用卡扣起子拆除散热器空气导流板卡扣，取下散热器空气导流板，如图 4-13 所示。

d. 拆卸前保险杠总成。前保险杠总成，如图 4-14 所示。

注意：汽车保险杠比较大且较柔软，拆装过程须两人操作。

（a）用 10 号套筒拆除前保险杠上面的 2 个 M6 六角头螺栓，如图 4-15 所示。

（b）用卡扣起子拆下左右两侧固定前照灯卡扣和前保险杠中间定位卡扣，如图 4-16 所示。

（c）用十字螺丝刀拆除固定保险杠、带机罩缓冲垫的自攻螺钉（左右各一个），如图 4-17 所示。

（d）用一字螺丝刀拆下前保险杠左右两侧内轮罩和前保险杠固定卡扣，如图 4-18 所示。

学习任务 4　车身卡扣连接件的拆装

图 4-13　拆除空气导流板

图 4-14　前保险杠总成

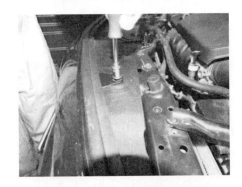

图 4-15　拆除前保险杠上面六角头螺栓

图 4-16　拆除前保险杠上面定位卡扣

图 4-17　拆除带机罩缓冲垫的自攻螺钉

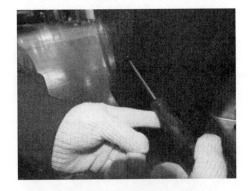

图 4-18　拆除内轮罩和前保险杠固定卡扣

（e）用小号十字螺丝刀和卡扣起子拆下前保险杠支架固定卡扣，如图 4-19 所示。

（f）用 10 号套筒扳手，拧下前保险杠底部 6 个螺栓，如图 4-20 所示。

（g）分离前保险杠左右支撑架。两人分别站在保险杠两端，双手扶住保险杠总成两头端角，往外侧轻拉，将前保险杠与车身脱离，如图 4-21 所示。

注意：保险杠总成为塑料件，拉动时用力适度，防止损坏保险杠总成，用力点应是保险杠上端的手，轻轻往外侧拉动。

（h）拔出前雾灯线束插头，如图 4-22 所示。

注意：移出保险杠时，两人配合要默契，不能一人快一人慢，雾灯连接线长度有限，不能移出过多，动作用力要适度。

图4-19 拆除前保险杠支架固定卡扣

图4-20 拆除前保险杠底部螺栓

图4-21 分离前保险杠左右支撑架

图4-22 拔出前雾灯线束插头

(i)将保险杠总成放于保险杠支撑架上,如图4-23所示。

注意:调整好保险杠支撑架宽度,将保险杠总成放上去时,防止卡扣连接处卡于支撑架上。

(j)拆卸前保险杠缓冲件(泡沫),如图4-24所示。

注意:减振器为泡沫材料,取下时防止损坏。

图4-23 将保险杠总成放于支撑架上

图4-24 拆卸前保险杠缓冲件

e.拆卸散热器格栅。散热器格栅如图4-25所示。

(a)用小号十字螺丝刀和卡扣起子拆下前保险杠与发动机罩间的密封条卡扣,取下密封条,如图4-26所示。

图4-25　散热器格栅　　　　　　图4-26　拆卸前保险杠与发动机罩间的密封条

(b) 用卡扣起子拆下散热器格栅防护罩的6个卡扣, 如图4-27所示。

(c) 用卡扣起子分离前保险杠与中网倒钩, 取下散热器格栅总成, 如图4-28所示。

图4-27　拆卸散热器格栅防护罩卡扣　　　图4-28　脱开前保险杠与中网倒钩

(d) 用十字螺丝刀拆下散热器内层螺钉, 用卡扣起子分离前保险杠固定内层倒钩, 如图4-29所示。

(e) 分离散热器外镀铬层倒钩, 取下外层镀铬栅, 如图4-30所示。

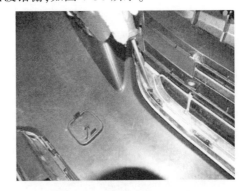

图4-29　拆卸散热器内层螺钉　　　　　图4-30　分离散热器外镀铬层倒钩

f. 拆卸中网标。一只手在外握住中网标, 另一只手在内侧往上推出倒钩, 如图4-31所示。

g. 拆前保险杠下格栅。用卡扣起子分离固定下格栅倒钩, 如图4-32所示。

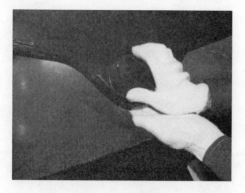

图4-31 拆卸中网标

图4-32 拆卸前保险杠下格栅

h. 拆卸前雾灯总成。前雾灯总成如图4-33所示。

（a）用十字螺丝刀拆除固定雾灯的两个螺钉，取下雾灯，如图4-34所示。

图4-33 前雾灯总成

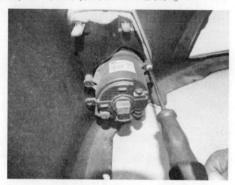

图4-34 拆卸雾灯固定螺钉

（b）一只手在侧外握住雾灯外罩，另一只手在内侧往上推倒钩，取下雾灯外罩，如图4-35所示。

②安装步骤。

a. 先将前保险杠缓冲件，安装到内骨架上，如图4-36所示。

图4-35 拆卸雾灯外罩

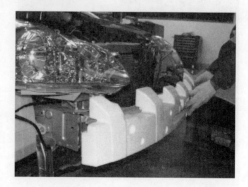

图4-36 安装前保险杠缓冲件

b. 安装前保险杠下格栅，如图4-37所示。

c. 安装前保险杠中网标，如图4-38所示。

图 4-37 安装前保险杠下格栅

图 4-38 安装前保险杠中网标

d. 安装散热器格栅总成，如图 4-39 所示。

（a）安装散热器内层格栅和外层镀铬格栅倒钩，如图 4-40 所示。

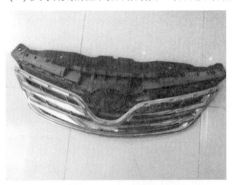
图 4-39 安装散热器格栅总成

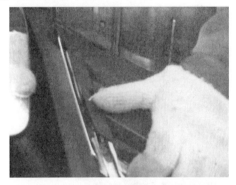
图 4-40 安装散热器内层和外层格栅

（b）安装散热器内层格栅和外层镀铬格栅固定螺钉，如图 4-41 所示。

（c）安装散热器格栅总成和保险杠格栅安装孔倒钩，如图 4-42 所示。

注意：将格栅四周的卡口脚对准保险杠上的格栅安装孔。一手衬住保险杠背面，一手将格栅拍入安装孔内。**注意**：拍击格栅时，不要用力过猛，以防格栅损坏。确认每一个倒钩都安装到位。

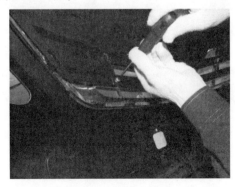
图 4-41 安装散热器内外层格栅固定螺钉

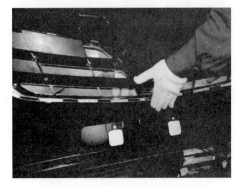
图 4-42 安装散热器格栅总成倒钩

（d）安装散热器格栅防护罩的 6 个卡扣，如图 4-43 所示。

e. 安装前保险杠与发动机罩间的密封条，如图4-44所示。

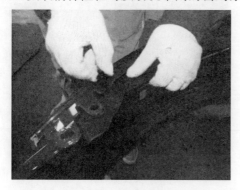

图4-43 安装散热器格栅防护罩卡扣

图4-44 安装前保险杠与发动机罩间的密封条

f. 安装前雾灯总成，如图4-45所示。

(a)将雾灯罩卡入保险杠安装孔洞内，如图4-46所示。

注意：一只手从正面托住雾灯，以防掉落损坏。

图4-45 安装前雾灯总成

图4-46 安装雾灯罩

(b)将2个螺钉一一拧上，如图4-47所示。

g. 安装前保险杠总成，如图4-48所示。

图4-47 安装雾灯

图4-48 安装前保险杠总成

(a)两人平抬起保险杠，靠近车头，将前雾灯线束插头插上，两人配合沿车头方向将两边分别卡入保险杠支架上，如图4-49所示。

(b)接合前保险杠总成卡爪。双手扶住保险杠总成端角,往内侧轻按,将保险杠总成6个卡爪装入前保险杠支撑架内,如图4-50所示。

注意:卡爪装入支撑架时,能听到"嗒"的声响。保险杠总成安装到位后,应与翼子板、前照灯总成保持在同一平面上。

图4-49 两人平抬起保险杠

图4-50 接合前保险杠总成卡爪

(c)检查雾灯是否正常,如图4-51所示。

(d)安装前保险杠左右两侧的4个固定卡扣,如图4-52所示。

图4-51 检查雾灯是否正常

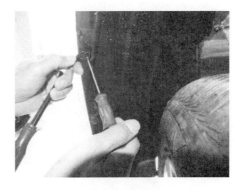
图4-52 安装前保险杠左右两侧卡扣

(e)安装前保险杠底部的6个六角螺钉,如图4-53所示。

(f)安装前保险杠上部的4个固定螺钉和3个固定卡扣,如图4-54所示。

图4-53 安装前保险杠底部螺钉

图4-54 安装前保险杠上部固定螺钉和卡扣

(g)安装散热器空气导流板,如图4-55所示。

(h)检查前保险杠总成与前翼子板总成和前照灯的配合间隙,如图4-56所示。

注意:安装到位后,前保险杠总成与前翼子板总成的间隙应小于3mm。

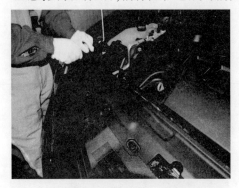

图4-55 安装散热器空气导流板

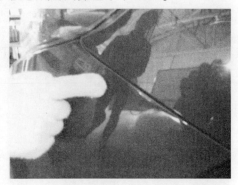

图4-56 检查前保险杠总成与前翼子板总成和前照灯的配合间隙

(2)轿车后保险杠拆装与调整。

①拆卸步骤。

a.拉起行李舱盖控制拉锁,打开行李舱盖,如图4-57所示。

注意:行李舱盖控制拉锁在驾驶室座椅左下角,用手拉起(或直接用钥匙开起)。

b.用10号套筒扳手,拆卸后侧围板外侧保险杠上部左右两侧固定螺钉,如图4-58所示。

图4-57 打开行李舱盖

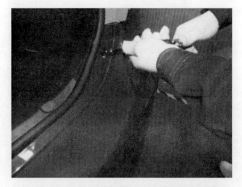

图4-58 拆卸保险杠上部固定的螺钉

c.拆除保险杠两端的卡扣。用十字螺丝刀将卡扣中间的销钉旋出,将卡扣取出,如图4-59所示。

d.用卡扣起子拆卸保险杠总成下部5个卡扣,如图4-60所示。

e.分离后保险杠左右支撑架。两人分别站在保险杠两端,双手扶住保险杠总成两头端角,往外侧轻拉,将后保险杠与车身脱离,如图4-61所示。

注意:保险杠总成为塑料件,拉动时用力适度,防止损坏保险杠总成,用力点应是保险杠上端的手,轻轻往外侧拉动。

f.将保险杠总成放于保险杠支撑架上,如图4-62所示。

注意：将保险杠总成放上去时，调整好保险杠支撑架宽度，防止卡扣连接处卡于支撑架上，损坏连接处。

图4-59　拆除保险杠两端的卡扣

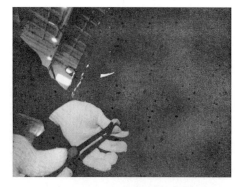

图4-60　拆卸保险杠下部卡扣

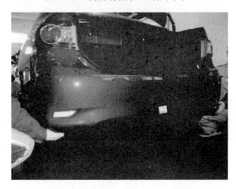

图4-61　分离后保险杠左右支撑架

图4-62　将保险杠总成放于保险杠支撑架上

②安装步骤。

a. 安装后保险杠总成，如图4-63所示。装入时，用一只手扶住，然后另一只手握住端部，将上边缘扣入侧支撑部件中。

b. 双手扶住保险杠总成端角，往内侧轻按，将保险杠总成6个卡爪接合到保险杠支撑架内，如图4-64所示。

注意：卡爪装入支撑架时，能听到"嗒"的声响。保险杠总成安装到位后，应与翼子板保持在同一平面上。安装到位后，检查保险杠总成与后翼子板的间隙应小于3mm。

图4-63　安装后保险杠总成

图4-64　接合后保险杠总成卡爪

c. 安装保险杠两端螺钉卡扣,如图4-65所示。

d. 安装保险杠底部的5个卡扣,如图4-66所示。

图4-65 安装保险杠两端卡扣

图4-66 安装保险杠底部卡扣

图4-67 安装后保险杠上方螺钉

e. 安装后保险杠上方的2个螺钉,如图4-67所示。

(二)车门附件的拆装

1 准备工作

(1)棘轮扳手、接杆、10号套筒。

(2)卡扣专用拆卸工具。

(3)一字螺丝刀(中、小号)、十字螺丝刀(中号)。

(4)8号、10号两用扳手。

(5)"TX"30号花钻。

2 技术要求与注意事项

(1)技术要求:

①了解车门内饰板、车门锁、玻璃升降机总成的组成及作用。

②能正确描述车门内饰板、车门锁、玻璃升降机总成的拆装方法和工艺过程。

③会运用所学知识对不同类型的车门内饰板、车门锁、玻璃升降机总成进行正确的拆装。

(2)注意事项:

①拆装前,先将蓄电池断电,以免损坏用电设备。

②拆装过程中,要保持手的干净以免脏污内饰板。

③拆装过程中,要特别掌握合适的力度,禁止野蛮操作,防止损坏零部件。

④内饰件拆装过程中,要注意保护表面不被划伤,防止因损伤影响内饰件的美观。

⑤拆装玻璃时要轻拿轻放,不要使玻璃掉落及刮伤玻璃表面。

⑥拆装过程中,不要刮伤油漆表面。

3 操作步骤

(1)轿车前车门附件的拆装与调整。

① 拆卸步骤。

a. 前车门内饰板的拆卸,如图 4-68 所示。

(a)拆卸高音喇叭罩。用缠上胶带的一字螺丝刀从上角边缘与门框接缝处插入,小心将卡扣撬开,如图 4-69 所示。

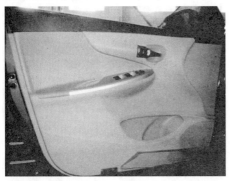

图 4-68　前车门内饰板的拆卸　　　　　图 4-69　拆卸高音喇叭罩

(b)拆卸车门内拉手饰盖。将内把手拉起,用缠上胶带的小号一字螺丝刀挑开内拉手螺钉盖,如图 4-70 所示。

(c)用十字螺丝刀拆卸前车门内拉手螺钉,如图 4-71 所示。

　　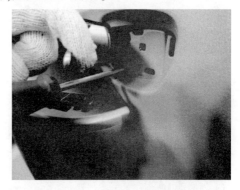

图 4-70　拆卸车门内拉手饰盖　　　　　图 4-71　拆卸前车门内拉手螺钉

(d)拆卸前门扶手座小饰盖及螺钉。用小号一字螺丝刀插入饰盖缝隙往上提,带出小饰盖,如图 4-72 所示。

(e)拆卸门扶手座上板。用手扣住门扶手座上板后端,依次往前扒开卡扣,待全部松开后往后移,取出门扶手座上板,如图 4-73 所示。

(f)分离主控开关连接器,如图 4-74 所示。

(g)拆卸车门内饰板卡扣。

方法一:右脚顶住门下最边缘,用手抠右下角门饰板,手用力拉出一些,再一步一步向上抠出所有扣,接着双手握住门板两端顺时针往上推,直至完全分离,如图 4-75 所示。

方法二:用缠上胶带的一字螺丝刀或塑料撬棒从车门内饰板的下缘处一一撬开卡扣,使门内饰板卡扣与车门分离,接着双手握住门板两端顺时针往上推,直至完全分离,如图 4-76 所示。

(h) 拆下车门内侧锁止拉索和锁止遥控拉索,如图4-77所示。

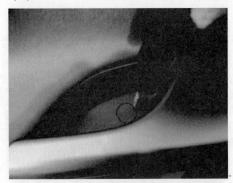

图4-72 拆卸前门扶手座小饰盖及螺钉

图4-73 拆卸门扶手座上板

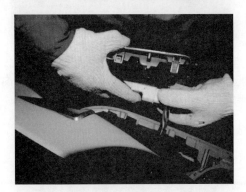

图4-74 分离主控开关连接器

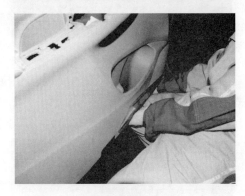

图4-75 拆卸门内装饰板卡扣(方法一)

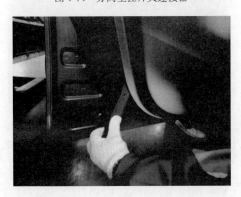

图4-76 拆卸门内装饰板卡扣(方法二)

图4-77 拆门内侧锁止拉索和锁止遥控拉索

(i) 拆下车门门控灯连接器,如图4-78所示。

(j) 将拆卸下来的车门内饰板放置于工具车上,如图4-79所示。

注意:正面朝上,防止损伤外表面,若存放时间较长,应把内饰板和零件放入布袋存放,避免装饰板被灰尘脏污和零件及卡扣遗失。

b. 前车门窗玻璃的拆卸,如图4-80所示。

(a) 拆卸车门电控门锁控制连接器,如图4-81所示。

(b) 拆卸高音喇叭连接器,如图4-82所示。

(c) 用 10 号套筒拆卸车门内饰板扶手座固定支架,如图 4-83 所示。

图 4-78 拆下车门门控灯连接器

图 4-79 车门内饰板正面朝上放置于工具车上

图 4-80 前车门窗玻璃的拆卸

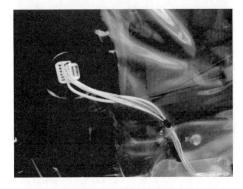

图 4-81 拆卸车门电控门锁控制连接器

图 4-82 拆卸高音喇叭连接器

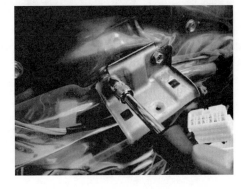

图 4-83 拆卸车门内饰板固定支架

(d) 用小美工刀切开丁基胶带,取下隔声、防尘纸,如图 4-84 所示。

(e) 连接主控开关,如图 4-85 所示。

(f) 打开电门开关,如图 4-86 所示。

(g) 调整门窗玻璃位置。用门窗升降器开关,将车门玻璃固定螺钉降到与车门孔对齐的位置,如图 4-87 所示。

(h) 关闭电门开关,如图 4-88 所示。

(i) 拆卸车门玻璃挡水条,如图 4-89 所示。

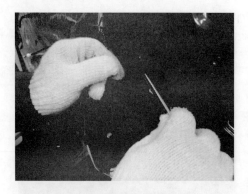

图 4-84　拆卸隔声、防尘纸

图 4-85　连接主控开关

图 4-86　打开电门开关

图 4-87　调整门窗玻璃位置

图 4-88　关闭电门开关

图 4-89　拆卸车门玻璃挡水条

(j)用纸胶带对车门框边做好保护措施,如图 4-90 所示。

(k)用 10 号套筒拆卸玻璃固定螺钉,如图 4-91 所示。

(l)将玻璃宽面向上倾斜 45°,从玻璃导槽上分离玻璃,将玻璃拿出来,如图 4-92 所示。

(m)将玻璃弧面朝上放置于工具车上,如图 4-93 所示。

c. 前车门玻璃升降器的拆卸,如图 4-94 所示。

(a)用小号一字螺丝刀拔出升降器连接插头,如图 4-95 所示。

(b)拆除稳定杆的 2 个螺钉,如图 4-96 所示。

(c)拆除主支架的 4 个螺钉,如图 4-97 所示。

学习任务 4　车身卡扣连接件的拆装

图 4-90　对车门框边做好保护措施

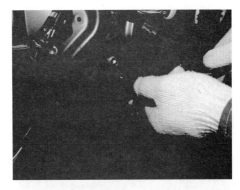

图 4-91　拆卸玻璃固定螺钉

图 4-92　取出车门玻璃

图 4-93　玻璃弧面朝上放置于工具车上

图 4-94　前车门玻璃升降器的拆卸

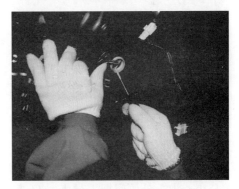

图 4-95　拔出升降器连接插头

图 4-96　拆除稳定杆的 2 个螺钉

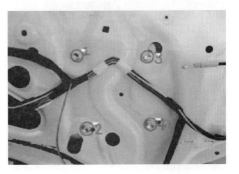

图 4-97　拆除主支架的 4 个螺钉

注意:拆卸玻璃升降器时只要拆卸3个螺钉。其中3号螺钉拧松即可。

(d)将升降器叉臂合成一条直线,小心取出升降器,如图4-98所示。

d. 前车门外把手的拆卸,如图4-99所示。

图4-98 取出升降器

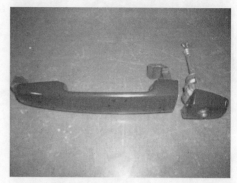

图4-99 前车门外把手的拆卸

(a)拆除门侧面把手端的螺钉盖。把车门开至最大限位状态,将门侧面把手端的螺钉盖撬下,如图4-100所示。

(b)拆除门把手前端钥匙支架。左手抓住锁芯往外拉,右手用30号花钻将孔洞内的螺钉松出,取下门把手前端钥匙支架,如图4-101所示。

图4-100 拆除门侧面把手端的螺钉盖

图4-101 拆除门把手前端钥匙支架螺钉

(c)取下门把手。向门外侧端部拉动,使门把手脱开门锁,将其取下,如图4-102所示。

(d)小心取下外侧门把手衬垫(如有损坏则需更换),如图4-103所示。

图4-102 取下门把手

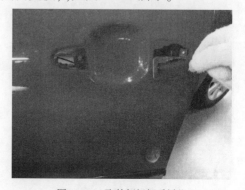

图4-103 取外侧门把手衬垫

e. 前车门锁的拆卸,如图4-104所示。

(a)用10号套筒拆卸前车玻璃导槽固定螺栓,取出玻璃导槽,如图4-105所示。

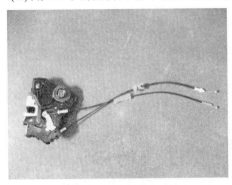

图4-104　前车门锁的拆卸

图4-105　拆卸前车玻璃导槽固定螺栓

(b)用30号花钻拆卸车门锁块固定螺钉,如图4-106所示。

(c)从门洞内移出门锁总成,如图4-107所示。

图4-106　拆卸车门锁块固定螺钉

图4-107　移出门锁总成

②安装步骤。

a. 前车门锁的安装,如图4-108所示。

(a)理顺拉线以及连杆,将锁块放入门洞内,如图4-109所示。

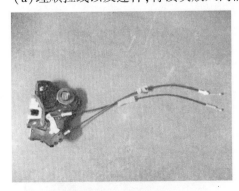

图4-108　前车门锁的安装

图4-109　放入门锁总成

(b)对准安装孔,用30号花钻将锁块固定螺钉拧上,如图4-110所示。

注意:刚上的螺钉稍微带点力。

b. 前车门把手的安装,如图4-111所示。

图4-110 安装锁块固定螺钉

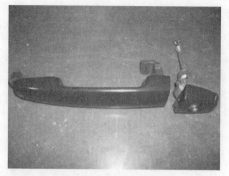

图4-111 前车门把手的安装

(a)安装门外把手衬垫,如有损坏则需更换,如图4-112所示。

(b)安装门外把手,如图4-113所示。

注意:将门把手后端放入门洞使其与表面贴合。握住外侧手柄后端向内侧推,使其与门锁连接上。

图4-112 安装门外把手衬垫

图4-113 安装门外把手

(c)用十字螺丝刀将闭锁器闭合,如图4-114所示。

注意:闭锁器有二级锁止装置,闭合时,注意要使二级锁止装置处于闭合状态。闭合闭锁器时,不能损伤周围的漆膜。

(d)拉动车门外把手,观察闭锁器能否正常开启,如图4-115所示。

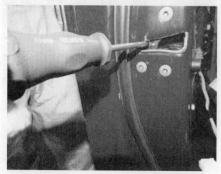

图4-114 用十字螺丝刀将闭锁器闭合

图4-115 拉动车门外把手

注意:观察闭锁器,闭锁器应能正常开启。如不能开启,要求排除故障再继续安装。

(e)安装门把手钥匙支架。将门外侧手柄前端钥匙支架放入门洞,锁杆对准锁槽内,把钥匙支架侧面螺钉拧紧,如图4-116所示。

c. 前车门玻璃升降器的安装,如图4-117所示。

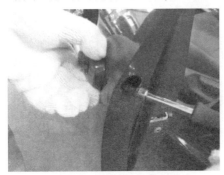

图4-116 安装门把手钥匙支架

图4-117 前车门玻璃升降器的安装

(a)将升降器叉臂合成一条直线,小心地放入门洞,如图4-118所示。

(b)将升降器上1个未完全拆卸的螺钉先挂到安装孔上,然后对准其余3个螺钉孔,将螺钉拧紧,如图4-119所示。

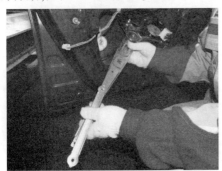

图4-118 将升降器叉臂合成一条直线

图4-119 将升降器上螺钉挂到安装孔上

(c)扶正稳定杆,将稳定杆2个螺钉拧上,调至原来的位置,并拧紧螺钉,如图4-120所示。

(d)将电动机插头插上,让升降器空载运行一周,无异样,再回到原先的位置,如图4-121所示。

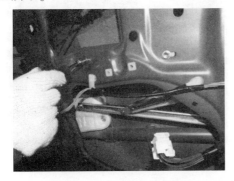

图4-120 拧紧稳定杆2个螺钉

图4-121 检查升降器

d. 前车门玻璃的安装，如图 4-122 所示。

（a）安装玻璃导槽，如图 4-123 所示。

注意：下导槽上端是插到门框导槽内的，然后将导框完全卡入导槽内，如图 4-1 所示。

图 4-122　前车门玻璃的安装

图 4-123　安装玻璃导槽

（b）双手握住玻璃与身体平行，将玻璃宽面向上倾斜 45°，小心将玻璃放入门洞，如图 4-124 所示。

（c）将玻璃两边插入玻璃导框内，使宽面从上到下完全贴合导框内，如图 4-125 所示。

图 4-124　宽面向上倾斜 45°将玻璃放入门洞

图 4-125　将玻璃两边插入玻璃导框内

（d）握紧玻璃并上下滑动玻璃，使玻璃在导框内上下滑动顺畅，如图 4-126 所示。

（e）慢慢向下，将玻璃放置到玻璃升降机安装支座上，如图 4-127 所示。

图 4-126　检查玻璃在导框内上下滑动是否顺畅

图 4-127　将玻璃向下放置玻璃升降机安装支座上

（f）安装玻璃支座固定螺栓，如图 4-128 所示。

(g)插上玻璃升降开关,检查玻璃上下升降移动的状态,如需调整,松开固定螺栓将玻璃调整正确位置,拧紧螺栓,直至最佳状态,如图4-129所示。

图4-128 安装玻璃支座固定螺栓

图4-129 检查玻璃上下升降移动的状态

e. 前车门内饰板的安装,如图4-130所示。

(a)安装隔声、防尘纸,如图4-131所示。

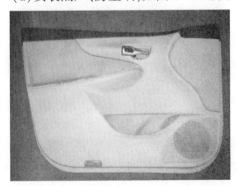

图4-130 前车门内饰板的安装

图4-131 安装隔声、防尘纸

(b)用10号套筒安装前车门内饰板扶手座固定支架,如图4-132所示。

(c)安装前车门电控门锁控制连接器,如图4-133所示。

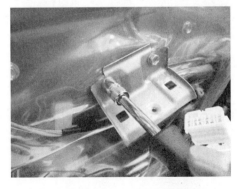

图4-132 安装前车门内饰板固定支架

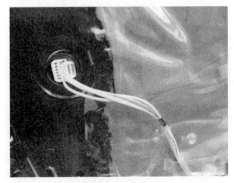

图4-133 安装前车门电控门锁控制连接器

(d)安装高音喇叭连接器,如图4-134所示。

(e)安装车门内侧锁止拉索和锁止遥控拉索,如图4-135所示。

图4-134 安装高音喇叭连接器

图4-135 安装车门内侧锁止拉索和锁止遥控拉索

（f）安装门控灯连接器,如图4-136所示。

（g）用手扶住车门装饰板总成,将玻璃升降器线束穿过扶手座安装孔,如图4-137所示。

图4-136 安装门控灯连接器

图4-137 引出玻璃升降器线束

（h）双手扶住车门装饰板两端,将内侧玻璃密封条扣入车门板内侧,并轻轻用力向下按,将玻璃密封条装到位,如图4-138所示。

注意:内侧玻璃密封条安装时要与车窗玻璃完全贴合。

（i）将车门内饰板固定卡扣与安装孔对准后,用手掌或拳头轻轻拍击,使固定卡扣与内侧板安装到位,如图4-139所示。

注意:固定卡扣与内侧板安装孔未对准时,禁止拍击强行安装,防止损坏卡扣。固定卡扣,在拆卸过程中有损坏时,必须更换新件。

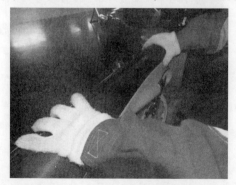

图4-138 安装车门内侧玻璃密封条

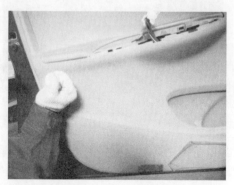

图4-139 安装车门内饰板固定卡扣

(j)握住玻璃升降器控制开关,将玻璃升降器连接器与控制开关连接,如图4-140所示。

注意:连接器与控制开关安装到位后,可听到卡扣发出"嗒"的声音。

(k)按动玻璃升降器控制开关,眼睛观察车窗玻璃升降情况,如图4-141所示。

注意:检查车窗玻璃能否上、下升降,如不能动,则需检修。检查车窗玻璃在上、下升降过程中,有无卡滞现象,如有卡滞,则进行调整。

图4-140 安装玻璃升降器控制开关连接器

图4-141 检查车窗玻璃升降情况

(l)安装扶手座上板,如图4-142所示。

(m)使用十字螺丝刀安装内把手固定螺钉,如图4-143所示。

注意:使用螺丝刀拆装螺钉时,螺丝刀与螺钉要保持垂直,防止拆装过程中,损坏螺钉孔。

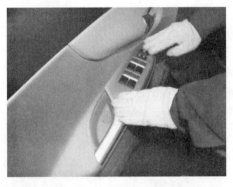

图4-142 安装扶手座上板

图4-143 安装内把手固定螺钉

(n)安装前车门拉手饰盖,如图4-144所示。

(o)使用十字螺丝刀安装扶手座固定螺钉,如图4-145所示。

注意:使用螺丝刀拆装螺钉时,螺丝刀与螺钉要保持垂直,防止拆装过程中,损坏螺钉孔。

(p)安装高音喇叭罩,如图4-146所示。

(q)使用十字螺丝刀将闭锁器闭合,拉动外把手,观察闭锁器能否正常开启,如图4-147所示。

注意:闭锁器有二级锁止装置,闭合时,注意要使二级锁止装置处于闭合状态。闭合闭锁器时,不能损伤周围的漆膜。

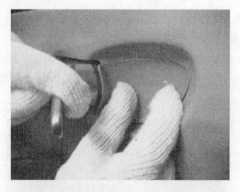

图 4-144　安装前车门拉手饰盖

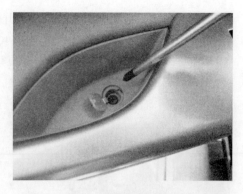

图 4-145　安装扶手座固定螺钉

图 4-146　安装高音喇叭罩

图 4-147　检查门锁外把手工作是否正常

(r)使用十字螺丝刀将闭锁器闭合,拉动内把手,观察闭锁器能否正常开启,如图 4-148 所示。

注意:观察闭锁器应能正常开启,如不能开启,排除故障再继续安装。

(s)再次检查玻璃升降状态,确认状态良好,如图 4-149 所示。

图 4-148　检查门锁内把手工作是否正常

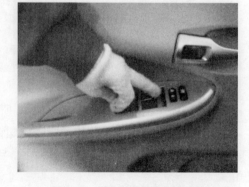

图 4-149　检查玻璃升降是否正常

(t)清洁车门内饰板,做好 5S 工作,如图 4-150 所示。

(2)轿车后车门附件的拆装与调整。

①拆卸步骤。

a.拆卸后车门内饰板及隔声、防尘纸,如图 4-151 所示。

图4-150 清洁车门内饰板,做好5S工作

图4-151 拆卸后车门内饰板

(a)拆卸车门内拉手饰盖。将内把手拉起,用缠上胶带的小号一字螺丝刀挑开内拉手饰盖,如图4-152所示。

(b)用十字螺丝刀拆卸后车门内拉手螺钉,如图4-153所示。

图4-152 拆卸车门内拉手饰盖

图4-153 拆卸后车门内拉手螺钉

(c)拆卸后门扶手座小饰盖。用小号一字螺丝刀插入饰盖缝隙往上提,带出小饰盖,如图4-154所示。

(d)拆卸后门扶手座固定螺钉。用十字螺丝刀拧出扶手座固定螺钉,如图4-155所示。

图4-154 拆卸后门扶手座小饰盖

图4-155 拆卸后门扶手座固定螺钉

(e)拆卸后门扶手座上板。用手扣住门扶手座上板后端,依次往前扒开卡扣,待全部松开后往后移,取出门扶手座上板,如图4-156所示。

(f) 分离控制开关连接器，如图4-157所示。

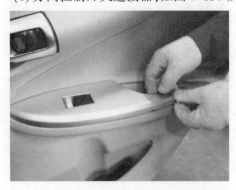
图4-156 拆卸后门扶手座上板

图4-157 分离控制开关连接器

(g) 拆卸车门内饰板卡扣。右脚顶住门下最边缘，用手抠右下角门饰板，手用力拉出一些，再一步一步向上抠出所有扣，接着双手握住门板两端顺时针往上推，直至完全分离，如图4-158所示。

(h) 拆下车门内侧锁止拉索和锁止遥控拉索，如图4-159所示。

图4-158 拆卸车门内饰板卡扣

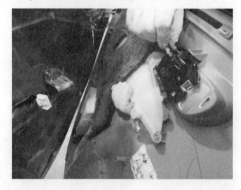
图4-159 拆车门内侧锁止拉索和锁止遥控拉索

(i) 用小号一字螺丝刀拆卸后车门门锁控制线连接器，如图4-160所示。

(j) 用10号套筒拆卸后车门内饰板扶手座固定支架，如图4-161所示。

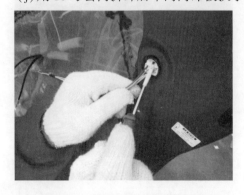
图4-160 拆卸后车门控制线连接器

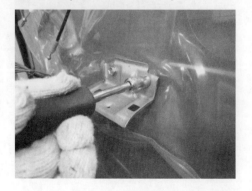
图4-161 拆卸后车门内饰板扶手座固定支架

(k) 用小美工刀切开丁基胶带，取下隔声、防尘纸，如图4-162所示。

(1)把取下的隔声、防尘纸贴到干净的板面上,如图4-163所示。

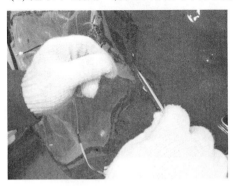

图4-162 取下隔声、防尘纸

图4-163 把隔声、防尘纸贴到干净的板面上

b.拆卸后车门三角窗玻璃,如图4-164所示。

(a)将车门玻璃密封条拉开与导槽分离并向上拉动密封条,直至密封条完全拉出,如图4-165所示。

图4-164 拆卸后车门三角窗玻璃

图4-165 拆卸车门玻璃密封条

(b)用十字螺丝刀拆卸后车门玻璃导槽上端的螺钉,如图4-166所示。

(c)用10号套筒拆卸后车门玻璃导槽下端的2个螺钉,如图4-167所示。

图4-166 拆卸后车门玻璃导槽上端螺钉

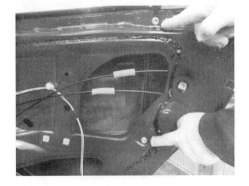

图4-167 拆卸后车门玻璃导槽下端螺钉

(d)取出后车门玻璃导槽,如图4-168所示。

(e)双手握住三角窗边缘,反方向拉出三角窗,如图4-169所示。

图4-168　取出玻璃导槽

图4-169　拆卸后车门三角玻璃

(f)将拆下的后车门玻璃、三角玻璃弧面朝上放置于工具车上,如图4-170所示。

c.拆卸后车门玻璃及车门玻璃升降器,如图4-171所示。

图4-170　弧面朝上放置车门玻璃、三角玻璃

图4-171　拆卸后车门玻璃及车门玻璃升降器

(a)用纸胶带对车门框边做好保护措施,如图4-172所示。

(b)把后车门玻璃降低到可拆卸的位置,脱开玻璃导轨滑块,如图4-173所示。

注意:不要使玻璃掉落及刮伤玻璃表面。

图4-172　用纸胶带对车门框边做好保护措施

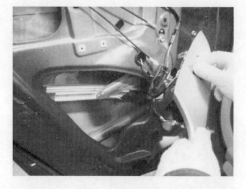

图4-173　降低车门玻璃到可拆卸的位置

(c)取出后车门玻璃,如图4-174所示。

(d)用10号套筒拆卸后车门玻璃升降器固定螺钉,如图4-175所示。

(e)取出后车门玻璃升降器,如图4-176所示。

d. 拆卸后车门锁，如图 4-177 所示。

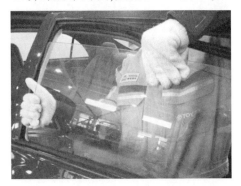

图 4-174　取出后车门玻璃

图 4-175　拆卸后车门玻璃升降器固定螺钉

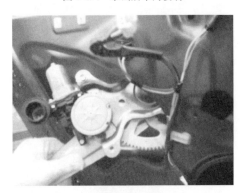

图 4-176　取出后车门玻璃升降器

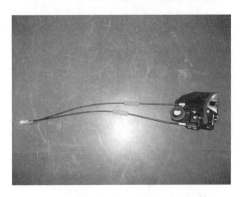

图 4-177　拆卸后车门锁

（a）拆卸后车门锁固定螺钉。用 30 号花钻拧出锁块固定螺钉取出门锁，如图 4-178 所示。

（b）拆卸门把手前端支架。用 30 号花钻从锁扣槽内把支架固定螺钉拧出，如图 4-179 所示。

图 4-178　拆卸后车门锁固定螺钉

图 4-179　拆卸门把手前端支架

（c）取下外侧门把手，如图 4-180 所示。

注意：握住外侧门把手向后侧拉，使其与门锁脱开。

（d）取下外侧门把手衬垫，如有损坏则需更换，如图 4-181 所示。

图 4-180　取下外侧门把手

图 4-181　取下外侧门把手衬垫

② 安装步骤。

a. 安装后车门外侧门把手，如图 4-182 所示。

（a）安装外侧门把手衬垫，如有损坏则需更换，如图 4-183 所示。

图 4-182　安装后车门外侧门把手

图 4-183　安装外侧门把手衬垫

（b）安装外侧门把手，如图 4-184 所示。

注意：将门把手后端放入门洞使其与表面贴合。

握住外侧门把手后端向内侧推，使其与门锁连接上。

（c）检查门外侧门把手是否安装到位，如图 4-185 所示。

注意：拉动门把手感到有弹力，说明安装正确。

图 4-184　安装外侧门把手

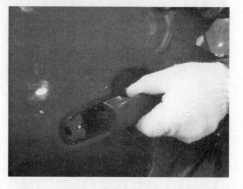

图 4-185　检查门外侧门把手是否安装到位

(d)安装门把手前端支架。将门外侧手柄前端支架放入门洞,从锁扣槽内把支架螺钉拧紧,如图4-186所示。

b. 安装后车门锁,如图4-187所示。

图4-186 安装门把手前端支架

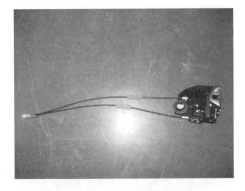

图4-187 安装后车门锁

(a)安装车门锁。将车门锁放入门洞,用30号花钻拧紧车门锁块固定螺钉,如图4-188所示。

(b)使用十字螺丝刀将闭锁器闭合,如图4-189所示。

注意:闭锁器有二级锁止装置,闭合时,注意要使二级锁止装置处于闭合状态。闭合闭锁器时,不能损伤周围的漆膜。

图4-188 安装车门锁

图4-189 使用十字螺丝刀将闭锁器闭合

(c)拉动车门外把手,观察闭锁器能否正常开启,如图4-190所示。

注意:观察闭锁器,闭锁器应能正常开启。如不能开启,要求排除故障再继续安装。

c. 安装后车门玻璃升降器及后车门玻璃,如图4-191所示。

(a)将后车门玻璃升降器小心地放入门洞,如图4-192所示。

(b)将升降器上1个未完全拆卸的螺钉先挂到安装孔上,然后对准其余3个螺钉孔,用10号套筒将螺钉拧紧,如图4-193所示。

(c)用10号套筒拧紧后车门玻璃升降器固定螺钉,如图4-194所示。

(d)将门玻璃放入门洞内,如图4-195所示。

(e)上下滑动玻璃,须使玻璃在导槽内上下滑动顺畅,如图4-196所示。

(f)安装玻璃滑块,如图4-197所示。

图4-190 观察闭锁器能否正常开启

图4-191 安装后车门玻璃升降器及后车门玻璃

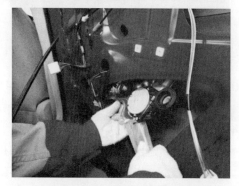
图4-192 将后车门玻璃升降器放入门洞

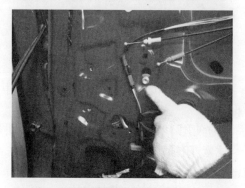
图4-193 将升降器上螺钉挂到安装孔上

图4-194 拧紧后车门玻璃升降器固定螺钉

图4-195 将门玻璃放入门洞内

图4-196 检查玻璃在导槽内滑动是否顺畅

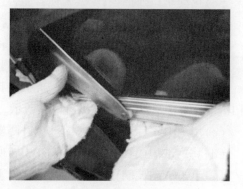
图4-197 安装玻璃滑块

d. 安装后车门三角窗，如图 4-198 所示。

（a）在三角窗密封条上喷洒橡胶保护剂，顺着槽口将三角窗密封条卡入门框槽口内，如图 4-199 所示。

注意：务必将密封条完全卡入门框槽口内。

图 4-198　安装后车门三角窗

图 4-199　安装三角窗

（b）将门玻璃托起使它的左侧卡入左边导框内，然后将右侧导槽从上插入门洞内，使玻璃卡入右侧导框内，同时导槽背面槽口也卡入三角窗密封条上，如图 4-200 所示。

（c）安装固定导槽的 3 个螺钉，如图 4-201 所示。

图 4-200　安装玻璃导槽

图 4-201　安装导槽固定螺钉

（d）在车门玻璃密封条上喷洒橡胶保护剂，顺着右侧玻璃边缘将玻璃密封条慢慢插入导槽跟玻璃之间，如图 4-202 所示。

提示：插入的玻璃密封条没有皱着，也没有紧绷现象。

（e）插上玻璃升降开关，检查玻璃上下升降移动的状态，如需调整，松开固定螺栓将玻璃调整到正确位置，拧紧螺栓，直至最佳状态，如图 4-203 所示。

e. 安装后车门隔声、防尘纸及内饰板，如图 4-204 所示。

（a）安装隔声、防尘纸，如图 4-205 所示。

（b）安装后车门门锁控制线连接器，如图 4-206 所示。

（c）安装后车门内饰板扶手座固定支架，如图 4-207 所示。

（d）安装后车玻璃挡水条，如图 4-208 所示。

（e）安装车门内侧锁止拉索和锁止遥控拉索，如图 4-209 所示。

图 4-202　喷洒玻璃密封条橡胶保护剂

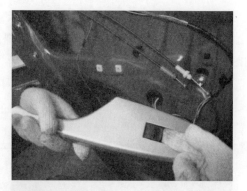

图 4-203　检查玻璃上下升降移动的状态

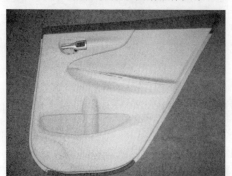

图 4-204　安装后车门内饰板

图 4-205　安装隔声、防尘纸

图 4-206　安装后车门门锁控制线连接器

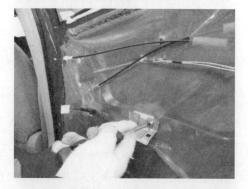

图 4-207　安装后车门内饰板扶手座固定支架

图 4-208　安装后车玻璃挡水条

图 4-209　安装车门内拉手线和车门锁拉线

学习任务 4　车身卡扣连接件的拆装

(f) 把控制面板连接器移出内饰板外面,如图 4-210 所示。

(g) 安装后车门内饰板,如图 4-211 所示。

(h) 安装车门内饰板后,再次检查门锁,确认状态良好,如图 4-212 所示。

(i) 安装车门内饰板后,再次检查玻璃升降状态,确认状态良好,如图 4-213 所示。

(j) 清洁车门内饰板,做好 5S 工作,如图 4-214 所示。

图 4-210　移出控制面板连接器

图 4-211　安装后车门内饰板

图 4-212　检查门锁状态

图 4-213　检查玻璃升降状态

图 4-214　清洁车门内饰板,做好 5S 工作

三　学习拓展

轿车受到严重碰撞时,乘客舱车顶板会变形、撕裂或损坏,因此需对轿车车顶内衬总成进行拆装或更换维修,具体拆装方法见操作步骤。

(一) 车顶内衬总成的结构

车顶内衬总成是乘客舱车顶板内侧的一层布制或乙烯树脂罩盖,包有织物并衬有静音材料。拆下车顶内衬上的遮阳板、把手、卡扣、天窗、顶灯、内部灯、车顶控制台和线束总成后,可通过前门移出。

(二)任务实施

1 准备工作

(1)棘轮扳手、接杆、10号套筒。
(2)卡扣专用拆卸工具。
(3)一字螺丝刀(中、小号)、十字螺丝刀(中号)。
(4)常用两用扳手一套。

2 技术要求与注意事项

(1)技术要求:
①了解车顶内衬总成的组成及结构特点。
②熟悉车顶内衬总成在车身上的设计特点和作用。
③掌握车顶内衬总成的拆装与更换操作技能。
④掌握拆装车顶内衬过程中,各附件的拆装工艺。

(2)注意事项:
①车顶内衬总成不能有变形、断裂等现象,且绒面要保证完好,无脱落和缺陷。
②维修车顶内衬时,拆下车顶边缘周围的所有装饰件、各种螺钉和卡夹固定的装饰件,拆下遮阳板、把手和其他一些部件。
③安装泡沫衬底的车顶内衬时,不要过度弯曲或扭曲它,然后按照拆卸的相反顺序进行安装,如有疑问,请参考具体车型的维修手册。

3 操作步骤

(1)拆卸步骤。
①拆卸乘客舱左、右两侧遮阳板,如图4-215所示。
a. 先将遮阳板从一侧固定座钩上退出,如图4-216所示。

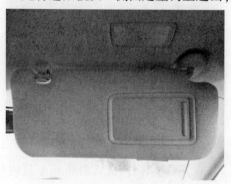

图4-215 拆卸乘客舱遮阳板

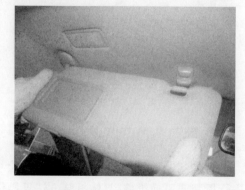

图4-216 从一侧固定座退出遮阳板

b. 用卡扣起子从遮阳板调节机构侧面撬开固定座内部膨胀块,取下遮阳板,如图4-217所示。

注意:卡扣起子端部要用胶带缠绕,防止将顶棚划伤。

c. 从顶篷上取下铁片卡扣,安装到遮阳板调节机构固定座上,以免丢失卡扣,如图

4-218所示。

注意:铁片卡扣有安装方向,弧面朝内侧。

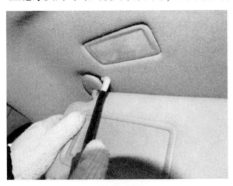 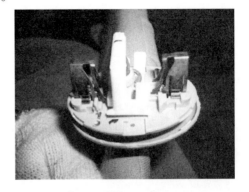

图4-217 拆卸遮阳板固定座膨胀块　　　　图4-218 组合遮阳板调节机构固定座

d. 将遮阳板固定座钩旋转90°,然后取出遮阳板固定座钩,如图4-219所示。

e. 用小号一字螺丝刀撬开遮阳板固定座卡扣,从车顶棚取下固定座,如图4-220所示。

注意:使用一字螺丝刀时要小心,勿将顶棚划伤。

 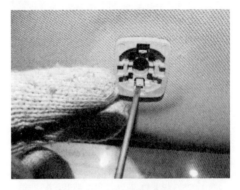

图4-219 拆卸遮阳板固定座钩　　　　　图4-220 拆卸遮阳板固定座

f. 把遮阳板固定座和固定座钩组合在一起,安装时备用,如图4-221所示。

②拆卸顶棚扶手,如图4-222所示。

 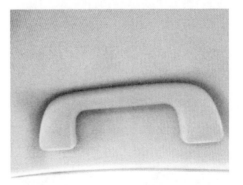

图4-221 组合遮阳板固定座　　　　　图4-222 拆卸顶棚扶手

a. 用卡扣起子从侧面撬开扶手装饰盖,拉出膨胀块,如图4-223所示。

b. 用一字螺丝刀将铁片卡扣夹片往中间推压，同时向外拉出扶手，如图4-224所示。

注意：使用一字螺丝刀时要小心，勿将顶棚划伤。

图4-223　拆卸扶手装饰盖

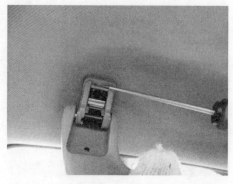

图4-224　拆卸扶手

c. 将拆下的铁片卡扣、扶手装饰盖和扶手组装在一起，以免丢失，如图4-225所示。

③用卡扣起子拆下顶棚卡扣，如图4-226所示。

注意：使用卡扣起子时要小心，勿将顶棚划伤。

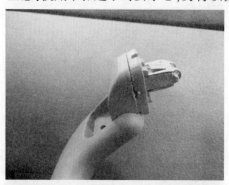

图4-225　把卡扣、装饰盖和扶手组合在一起

图4-226　拆卸顶棚卡扣

④仔细寻找后灯罩开口部位，用小号一字螺丝刀分开卡扣，取下顶棚后灯罩，如图4-227所示。

注意：拆卸时要小心，勿将灯罩划伤。

⑤用一字螺丝刀拨开灯座塑料卡扣，同时向下拉出后灯座，如图4-228所示。

图4-227　拆卸顶棚后灯罩

图4-228　拆卸顶棚后灯座

⑥拆卸天窗密封条,如图4-229所示。
⑦用小号一字螺丝刀分开组合开关卡扣,取下顶棚前灯和天窗开关,如图4-230所示。

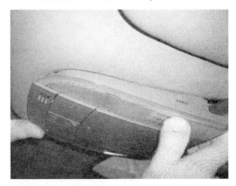

图4-229　拆卸天窗密封条　　　　　　　　图4-230　拆卸顶棚组合开关

⑧拆卸顶棚组合开关线束插头,如图4-231所示。
⑨用塑料撬板拆除前门左、右踏板,如图4-232所示。

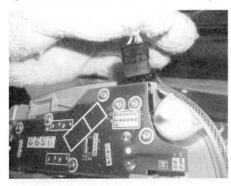

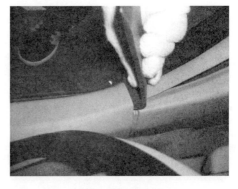

图4-231　拆卸顶棚组合开关线束插头　　　　图4-232　拆卸前门踏板

⑩拆下前门左、右密封条,如图4-233所示。
⑪用卡扣起子分开A柱内饰板上、下2只卡扣,取下A柱左、右内饰板,如图4-234所示。

注意:拆除时不要用力过度,以免损坏内饰板。

图4-233　拆卸前门密封条　　　　　　　　图4-234　拆卸A柱内饰板

⑫用力分开后排座椅卡扣,移出后排座椅,如图4-235所示。
⑬用塑料撬板拆除后门左、右踏板,如图4-236所示。

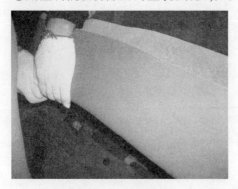

图4-235 拆卸后排座椅

图4-236 拆卸后门踏板

⑭拆除后门左、右密封条,如图4-237所示。
⑮用卡扣起子分开B柱下内饰板卡扣,取下B柱左、右下内饰板,如图4-238所示。

图4-237 拆卸后门密封条

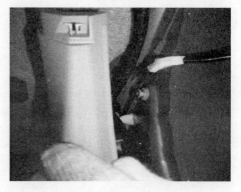

图4-238 拆卸B柱下内饰板

⑯用十字螺丝刀拧出B柱上内饰板固定螺钉,如图4-239所示。
⑰用卡扣起子脱开B柱上内饰板卡扣,取下B柱左、右上内饰板,如图4-240所示。

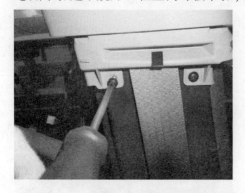

图4-239 拆卸B柱上内饰板的螺钉

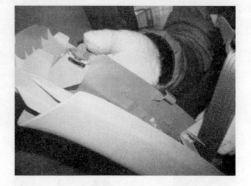

图4-240 取下B柱上内饰板

⑱用卡扣起子松开C柱左、右内饰板,如图4-241所示。
⑲放平前排座椅,如图4-242所示。

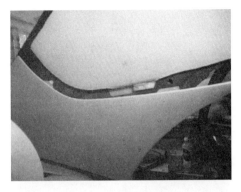

图4-241 松开C柱内饰板

图4-242 放平前排座椅

⑳从车顶小心放下顶棚,拆除顶棚线束及天窗线束后,移出乘客舱,如图4-243所示。

(2)安装步骤。

①安装顶棚线束及天窗线束,如图4-244所示。

图4-243 放下顶棚

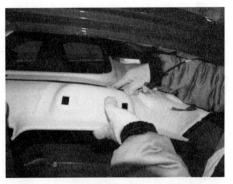

图4-244 安装顶棚线束及天窗线束

②安装左、右遮阳板固定座,如图4-245所示。

注意:先把遮阳板固定座安装到顶棚,再安装固定座钩。

③安装顶棚后面3只卡扣,如图4-246所示。

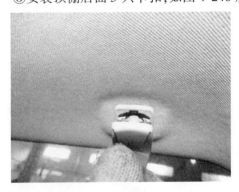

图4-245 安装遮阳板固定座

图4-246 安装顶棚卡扣

④安装后顶灯,如图4-247所示。

注意:打开顶灯开关,检查顶灯正常后,再安装后顶灯罩。

⑤安装天窗密封条,如图4-248所示。

注意:从天窗框角部位,开始依次安装。

图4-247 安装后顶灯

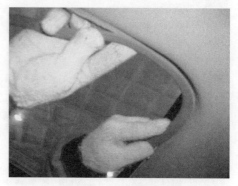

图4-248 安装天窗密封条

⑥安装组合开关,如图4-249所示。

注意:连接线束插头后,先检查前顶灯,正常后再把组合开关安装到车顶棚。

⑦安装顶棚4只扶手,如图4-250所示。

注意:前、后扶手结构不同,后扶手有衣帽钩,不能装反。扶手有上、下方向,不能倒装。

图4-249 安装组合开关

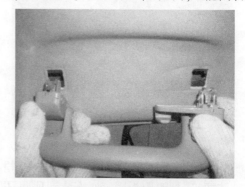

图4-250 安装顶棚后扶手

⑧安装C柱左、右内饰板,如图4-251所示。

⑨安装B柱左、右上内饰板,如图4-252所示。

注意:把安全带高度调节开关对位后,再安装内饰板卡扣和固定螺钉。

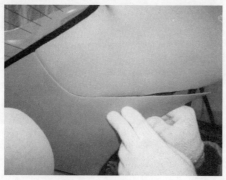

图4-251 安装C柱内饰板

图4-252 安装B柱上内饰板

⑩检查安全带高度调节器是否正常,如图4-253所示。
⑪安装B柱左、右下内饰板,如图4-254所示。

图4-253　检查安全带高度调节器　　　图4-254　安装B柱下内饰板

⑫安装后门左、右密封条,如图4-255所示。
注意:从车身门框角部位开始,依序安装。
⑬安装后门左、右踏板,如图4-256所示。

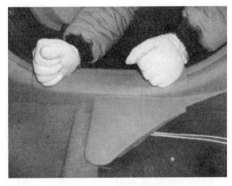

图4-255　安装后门密封条　　　图4-256　安装后门踏板

⑭安装后排座椅,如图4-257所示。
注意:安装后排座椅前先把安全带扣移出座椅外面。
⑮安装A柱左、右内饰板,如图4-258所示。

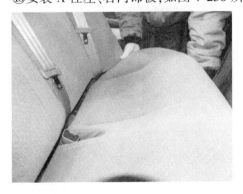

图4-257　安装后排座椅　　　图4-258　安装A柱内饰板

⑯安装前门左、右密封条,如图4-259所示。
⑰安装前门左、右踏板,如图4-260所示。

图4-259　安装前门密封条

图4-260　安装前门踏板

⑱检查遮阳板化妆镜灯光是否正常,如图4-261所示。
⑲打开天窗开关,检查天窗开启是否正常,如图4-262所示。

图4-261　检查遮阳板化妆镜灯

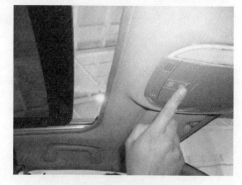

图4-262　检查天窗

⑳清洁顶棚,做好5S工作,如图4-263所示。

四　评价与反馈

1 自我评价

(1)通过本学习任务的学习你是否已经知道以下问题:
①汽车保险杠拆装要求与技术标准有哪些?

图4-263　清洁顶棚

②简述车门附件拆装注意事项。

③简述轿车前保险杠拆装与调整的工艺流程。

④简述轿车前车门附件拆装工艺流程。

_____。

⑤简述轿车后车门玻璃拆装工艺流程。

_____。

(2)本学习任务的学习过程中用到了哪些工具和设备?

_____。

(3)实训过程完成情况如何?

_____。

(4)通过本学习任务的学习,你认为自己的知识和技能还有哪些欠缺?

_____。

签名:_____　　　____年___月___日

❷ 小组评价(表4-2)

小组评价表　　　　　　　　　　　　　　　　　　表4-2

序号	评价项目	评价情况
1	着装是否符合要求	
2	是否能合理规范地使用工具和设备	
3	是否按照安全和规范的流程操作	
4	是否遵守学习、实训场地的规章制度	
5	是否能保持学习、实训场地整洁	
6	团结协作情况	

参与评价的同学签名:_____　　　____年___月___日

❸ 教师评价

_____

_____。

教师签名:_____　　　____年___月___日

五 技能考核标准(表4-3、表4-4)

前保险杠拆装考核表　　　　　　　　　　　　　　表4-3

序号	项目	操作内容	规定分	评分标准	得分
1	作业前准备	工位整理 车辆检查	4分	酌情扣分	
2	安全防护	佩戴安全防护用品	2分	未穿工作服扣2分	
			2分	操作时不戴手套扣2分	
3	工具使用情况	螺丝刀、棘轮扳手、套筒、接杆使用	6分	未正确使用螺丝刀、棘轮扳手、套筒、接杆工具拆卸每次扣2分	

续上表

序号	项目	操作内容	规定分	评分标准	得分
4	拆卸过程	拆卸蓄电池负极	10分	蓄电池负极电缆未正确拆卸扣10分	
		拆卸散热器上空气导流板固定卡扣	6分	散热器上空气导流板固定卡扣未正确拆卸，每个扣1分	
		拆卸散热器空气导流板	2分	散热器空气导流板未正确拆卸扣2分	
		拆卸散热器格栅	4分	散热器格栅未正确拆卸扣2分	
		拆卸前保险杠总成固定螺栓	10分	前保险杠总成固定螺栓未正确拆卸，每颗扣2分	
		拆卸雾灯插接器	4分	雾灯插接器未正确拆卸，每个扣2分	
		拆卸前保险杠总成	4分	前保险杠总成未正确拆卸扣4分	
		拆卸散热器格栅卡扣	6分	散热器格栅卡扣未正确拆卸，每个扣2分，散热器格栅卡扣断裂不得此项分	
		拆卸雾灯总成	2分	雾灯总成未正确拆卸扣2分	
5	安装过程	安装雾灯总成	4分	雾灯总成未正确安装扣2分	
		安装散热器格栅	6分	散热器格栅未正确安装扣2分，安装时，格栅卡扣断裂不得此项分	
		安装雾灯插接器	2分	雾灯插接器未正确安装扣2分	
		安装前保险杠总成	8分	前保险杠总成未正确安装扣2分	
		安装散热器上空气导流板	2分	散热器上空气导流板未正确安装扣2分	
6	质量检查	检查雾灯工作情况	6分	雾灯工作情况未检查扣6分	
		检查前保险杠总成与翼子板间隙	6分	前保险杠总成与翼子板间隙未检查扣6分	
7	操作时间及5S整理	操作时间及工具摆放	4分	每超时1min扣1分，操作完成后一件工具未摆放原处或未摆放整齐扣1分，扣完为止	
		合　　计	100分		

门锁机构、车窗玻璃和玻璃升降器拆装考核表　　表4-4

序号	项目	操作内容	规定分	评分标准	得分
1	作业前准备	工位整理 车辆检查	4分	酌情扣分	
2	安全防护	作业前清洁手	4分	作业前不做手的清洁扣4分	
		作业后清洁内饰板、门玻璃、车门外表面	6分	作业后未清洁，每项扣2分	
3	工具使用情况	螺丝刀、棘轮扳手、套筒、接杆使用	6分	未正确使用螺丝刀、棘轮扳手、套筒、接杆工具拆卸每次扣2分	

续上表

序号	项目	操作内容	规定分	评分标准	得分
4	拆卸过程	拆卸扶手座面板及饰盖	4分	未正确拆卸扶手座面板及饰盖扣4分	
		拆卸内饰板	4分	未正确拆卸内饰板扣4分	
		拆卸门锁拉索	2分	未正确拆卸门锁拉索扣2分	
		拆卸防水、防尘保护膜	2分	未正确拆卸保护膜扣2分	
		拆卸挡水条	2分	未正确拆卸挡水条扣2分	
		拆卸车窗玻璃	4分	未正确拆卸车窗玻璃，每错一次扣2分	
		拆卸玻璃升降器及玻璃导槽	2分	未正确拆卸扣2分	
		拆卸门锁总成	2分	未正确拆卸门锁总成扣2分	
		拆卸外把手和锁芯	4分	未正确拆卸外把手和锁芯各扣2分	
5	安装过程	安装门锁总成	2分	未正确安装门锁总成扣2分	
		安装外把手和锁芯	4分	未正确安装外把手和锁芯每项各扣2分	
		安装玻璃升降器及玻璃导槽	4分	未正确安装，每项扣2分	
		安装车窗玻璃	4分	未正确安装车窗玻璃，每错一次扣2分	
		安装防水保护膜	2分	未正确安装防水保护膜扣2分	
		安装挡水条	2分	未正确安装挡水条扣2分	
		安装门锁拉索	4分	未正确安装门锁拉索，每错一次扣2分	
		安装内饰板	4分	未正确安装内饰板，每错一次扣2分	
		安装扶手座面板及饰盖	4分	未正确安装扶手座面板及饰盖扣4分	
6	质量检查	检查门锁内拉手	5分	安装完成后，未检查门锁内拉手工作情况扣5分	
		检查门锁外把手	5分	安装完成后，未检查门锁外把手工作情况扣5分	
		检查锁芯	5分	安装完成后，未检查锁芯工作情况扣5分	
		检查玻璃升降	5分	安装好后，未检查玻璃升降情况扣5分	
7	操作时间及5S整理	操作时间及工具摆放	4分	每超时1min扣1分，操作完成后一件工具未摆放原处或未摆放整齐扣1分，扣完为止	
	合计		100分		

学习任务5　车身胶粘件的拆装

　学习目标

　知识目标

1. 了解车身上采用胶粘连接的部位；
2. 熟悉风窗玻璃的类型及固定方法；
3. 了解车身用胶粘剂类型；
4. 熟悉车身胶粘件拆装工具及使用方法；
5. 掌握前风窗玻璃安装时的注意事项；
6. 熟悉轿车天窗的结构。

技能目标

1. 能分辨风窗玻璃的种类及安装位置；
2. 学会车身各种风窗玻璃固定方法；
3. 学会车身胶粘件拆装工具的使用方法；
4. 学会前风窗玻璃的拆装；
5. 学会轿车天窗的拆装。

建议课时

24课时。

　　一辆丰田卡罗拉轿车在过十字路口时，遇到前面一辆汽车紧急制动，导致发生追尾事故，通过观察，发现玻璃出现破裂，需要进行更换维修。

学习任务5 车身胶粘件的拆装

一 理论知识准备

(一)胶粘剂在汽车车身上的应用

胶粘剂/密封胶是汽车生产中重要的工艺材料之一,其功能渗透在汽车制造过程的各个环节,在汽车的结构增强、密封防锈、减振降噪、隔热消声、坚固防松、内外装饰,以及简化制造工艺、减小车身质量、促进新型结构材料在汽车上的应用等方面起着特殊的作用。

应用在车身上的胶粘剂、密封胶主要有折边胶、点焊密封胶、减振胶、焊缝密封胶、抗石击涂料、指压胶、内饰胶、风窗玻璃胶、丁基密封胶、厌氧胶、硅酮密封胶等,胶粘剂在汽车上的主要应用部位,如图5-1所示。

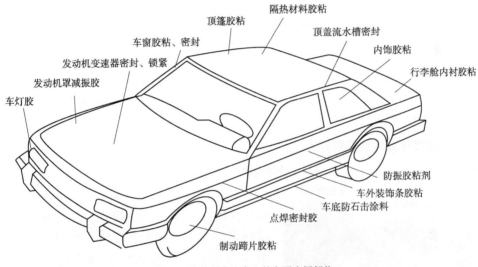

图5-1 胶粘剂在汽车上的主要应用部位

(二)车窗玻璃的密封方式

如果汽车的车窗玻璃密封性不好,在行车、停放过程中会漏水、透风、漏尘土等。目前车窗玻璃有橡胶密封条固定、橡胶密封条—密封胶固定密封、直接胶粘剂固定密封三种密封方式,见表5-1。

车窗玻璃的密封方式   表5-1

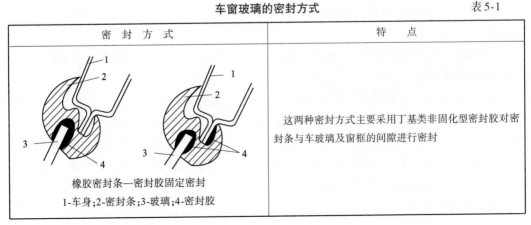

续上表

密封方式	特 点
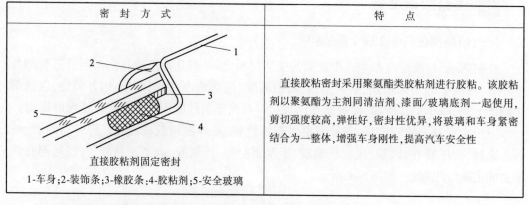 直接胶粘剂固定密封 1—车身;2—装饰条;3—橡胶条;4—胶粘剂;5—安全玻璃	直接胶粘密封采用聚氨酯类胶粘剂进行胶粘。该胶粘剂以聚氨酯为主剂同清洁剂、漆面/玻璃底剂一起使用，剪切强度较高，弹性好，密封性优异，将玻璃和车身紧密结合为一整体，增强车身刚性，提高汽车安全性

（三）车身常用玻璃的类型及固定方法

安装在车身上的玻璃分为前风窗玻璃、后窗玻璃、门窗玻璃、三角窗玻璃等种类。所有这些类型的玻璃都必须在提供良好视野的同时，起到在车厢内部与外界环境之间树立起坚固屏障的作用。同时，玻璃还必须符合相关的安全要求，这样即使发生碰撞，它也不会轻易脱离车身。

1 车身常用玻璃的类型

车身上常用的玻璃主要有两种：钢化玻璃和夹层玻璃。

图5-2 钢化玻璃

（1）钢化玻璃。钢化玻璃主要用于门窗和后风窗，如图5-2所示。在制造中对表面进行了主动冷却，以使其转换为高度结晶结构。在该结构中，表面施加了压缩应力，从而使其强度比标准平板玻璃强5倍以上。内部区域是一个保留了膨胀应力的结构，并且在某种程度上可弯曲。

钢化玻璃的特点：

①安全性。当玻璃被外力破坏时，碎片会成类似蜂窝状的碎小钝角颗粒，不易对人体造成伤害。

②高强度。同等厚度的钢化玻璃抗冲击强度是普通玻璃的3~5倍，抗弯强度是普通玻璃的3~5倍。

③热稳定性。钢化玻璃具有良好的热稳定性，能承受的温差是普通玻璃的3倍，可承受200℃的温差变化。

（2）夹层玻璃。主要用于前风窗玻璃，如图5-3所示。在平板玻璃层之间有一个0.3mm的乙烯基夹层。玻璃本身具有与普通玻璃相同的强度，车辆行驶时的振动等因素容易逐渐地损坏玻璃。这种玻璃在损坏时不会立即粉碎，因此视线不会因为玻璃白化而模糊。由于夹层很坚固且不易被飞行的物体穿透，因此降低了乘客被抛出车外的概率。这种玻璃在过度弯曲或边缘刚碰时容易损坏。

夹层玻璃的特点：

①安全性高：由于夹层玻璃的中间层的胶膜比较坚韧、附着力比较强,因此抗冲击性能要比一般平板玻璃高几倍,如果受到冲击力其破损后不容易被贯穿、夹胶玻璃的碎片不会脱落,与胶膜紧紧黏合在一起的。由于PVB胶片的黏合作用,玻璃即使破碎时,碎片也不会散落伤人。

图5-3　夹层玻璃

②透明度好。

③阻挡紫外线。夹层玻璃的中间膜是能够阻挡掉99%的太阳光紫外线,从而降低驾驶员眼睛疲劳。

④通过采用不同的原片玻璃,夹层玻璃还可具有耐久、耐热、耐湿、耐寒等性能。

❷ 车身常用玻璃的固定方法

车身常用玻璃的固定方法有胶粘法、密封条法、螺栓螺母安装法,采用何种方法由玻璃所需的功能决定,见表5-2。

车身常用玻璃的固定方法　　　　　　　　　　　　　　　　表5-2

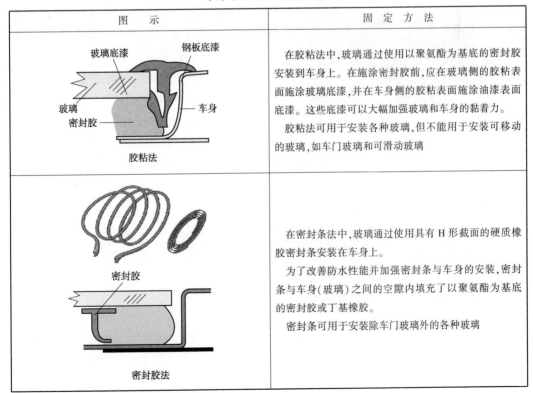

图　　示	固　定　方　法
(胶粘法示意图)	在胶粘法中,玻璃通过使用以聚氨酯为基底的密封胶安装到车身上。在施涂密封胶前,应在玻璃侧的胶粘表面施涂玻璃底漆,并在车身侧的胶粘表面施涂油漆表面底漆。这些底漆可以大幅加强玻璃和车身的黏合力。胶粘法可用于安装各种玻璃,但不能用于安装可移动的玻璃,如车门玻璃和可滑动玻璃
(密封胶法示意图)	在密封条法中,玻璃通过使用具有H形截面的硬质橡胶密封条安装在车身上。为了改善防水性能并加强密封条与车身的安装,密封条与车身(玻璃)之间的空隙内填充了以聚氨酯为基底的密封胶或丁基橡胶。密封条可用于安装除车门玻璃外的各种玻璃

续上表

图　　示	固　定　方　法
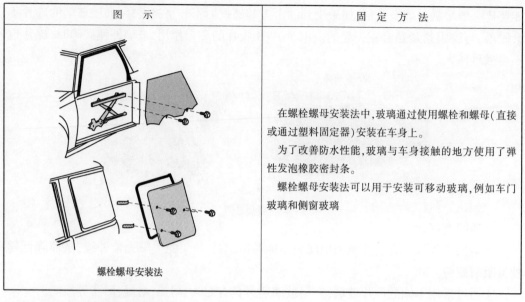 螺栓螺母安装法	在螺栓螺母安装法中，玻璃通过使用螺栓和螺母(直接或通过塑料固定器)安装在车身上。 　　为了改善防水性能，玻璃与车身接触的地方使用了弹性发泡橡胶密封条。 　　螺栓螺母安装法可以用于安装可移动玻璃，例如车门玻璃和侧窗玻璃

（四）常用车身用胶粘剂

玻璃密封胶应具有高强度的黏合性能、理想的防水性能、空气密封性能、长久耐用性能以及合适的物理属性。

车身专用的玻璃胶粘剂是聚氨酯型密封胶，如图5-4所示。重新安装玻璃时，应使用性能相当于或优于原密封胶的聚氨酯型密封胶以达到较高的品质。

单组分聚氨酯型密封胶由尿烷预聚物基分、结构性颜料、炭黑和异氰酸酯（凝固剂）等成分构成。它是通过氨基甲酸酯预聚物和大气中的水蒸气反应达到形成和促进凝固作用的效果。

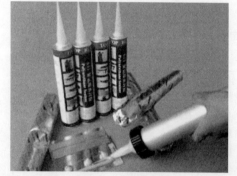

图5-4　聚氨酯密封胶

注意：当在汽车上安装黏合型玻璃时，不得使用硅酮密封胶或普通车身密封胶替代聚氨酯型密封胶。

聚氨酯型密封胶与硅酮密封胶剂的比较，见表5-3。

聚氨酯型密封胶与硅酮密封胶剂的比较　　　　表5-3

类　　型	优　　点	缺　　点	黏附力（MPa）
聚氨酯型密封胶	高弹性、高还原性、耐久性、黏合能力强、耐低温、耐风雨	无明显缺点	3.5~4.5或更高
硅胶	无特别优点	黏附力差、弹性低、还原性差	0.8~2

(五)胶粘件拆装工具及安全防护用品

使用合适的工具,可以提高玻璃拆装的效率,并防止玻璃的损坏,使用合适的个人防护用品能确保维修人员的健康和安全。拆装工具及安全防护用品,见表5-4。

拆装工具及安全防护用品　　　　　　　表5-4

个人防护用品	用　　途
防护手套	防护手套可保护双手不被尖锐的边角或锐物所伤。通常情况下可戴棉手套或"尼龙纤维"手套,但在处理玻璃碎片时应戴皮手套,处理锐物或玻璃时须戴"尼龙纤维"手套。当处理有机溶剂、密封胶或底漆时,应戴防溶剂手套
护目镜	护目镜可以防止眼睛被尖锐工具、钢丝头或有机溶剂所伤
有机溶剂防尘口罩	当处理有机溶剂、密封胶或底漆时,应戴上有机溶剂防尘口罩。
车身防护用具	用　　途
胶带	用于保护车身和要安装玻璃的开口周边的组件,确保灰尘不会进入车身面板之间的空隙或细缝中。通常使用棉质胶带及油漆遮蔽胶带。
仪表板保护板	在使用钢丝切割玻璃密封胶时为防止仪表受到损坏,该板应柔和、防锈,且硬度要比钢丝大,最佳选择是厚度为0.3~0.5mm的不锈钢钢板

续上表

切 割 工 具	用　　途
美工刀	用于切割饰条、清除密封胶残余物或者切割黏合层
刮刀	用于切割饰条、清除密封胶残余物，不能用于切割玻璃密封胶
钢丝线	用于切割玻璃密封胶，还可用于切割黏合车门饰条等部件的双面黏合胶带层。建议使用直径为 0.6mm 的钢丝线或"专用纤维"线。"专用纤维"线不会像钢丝线那样卷回或扭结，因为它可以更灵活地弯曲，受弹性变形或塑性变形的影响更小
玻璃刀	玻璃刀是具有 L 形刀刃的特殊切割刀，有不同长度的刀刃，可有效安全地分步切割密封胶
气动割胶机	使用简单，操作方便，可完全替代手工操作，大大减轻使用者劳动强度，拆卸效率比原来手动拉刀提高 2 倍以上，操作时间只需原来的 1/3
玻 璃 安 装 工 具	用　　途
玻璃支架	安装玻璃前使用玻璃支架，可提高玻璃清洁操作和准备工作的效率及安全性

续上表

玻璃安装工具	用　　途
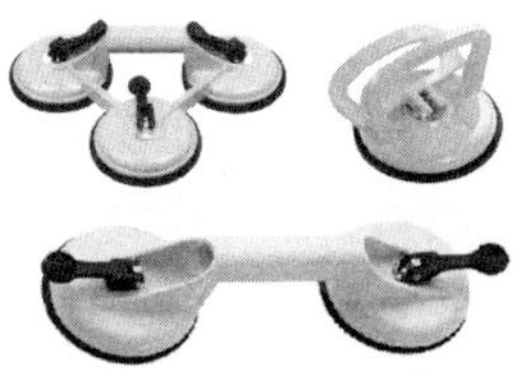 玻璃吸盘	用于运送或支撑玻璃
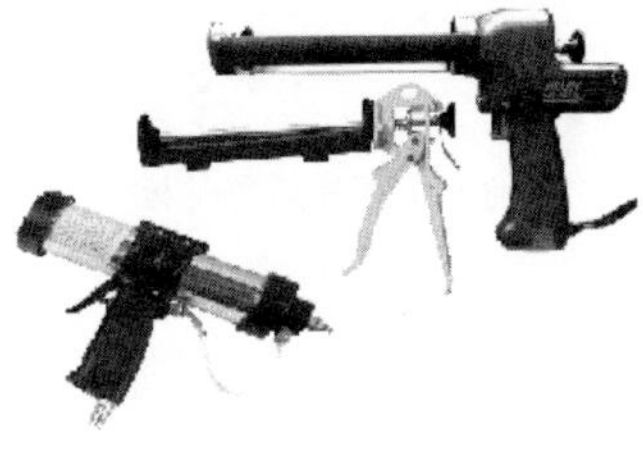 密封胶枪	用于施涂玻璃密封胶

其他工具	用　　途
 原子灰刮刀	用于剥开饰条边缘、引出切割线或者施涂、固定密封胶
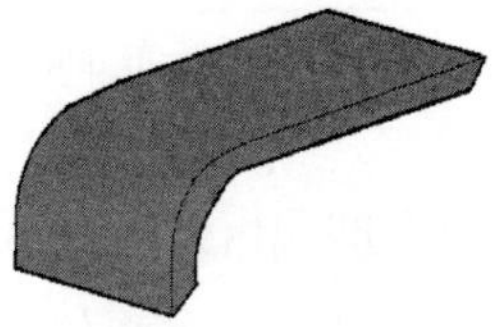 饰条拆卸器	用于拆卸饰条或内饰,或拆卸密封条
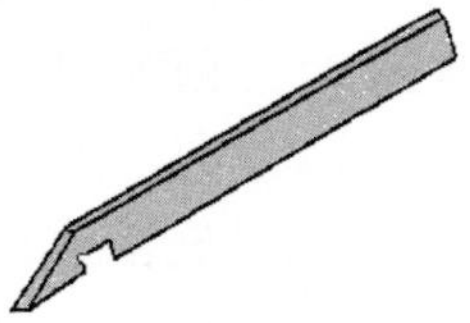 钢丝插入器	便于将钢丝插入密封胶,起到类似于缝衣针的引线作用

（六）轿车风窗玻璃拆卸的原因

出于下列原因或目的,必须在车身修理时将汽车玻璃拆卸下来,见表5-5。

汽车车身与附属设备

风窗玻璃拆卸的原因　　　　　　　　　表 5-5

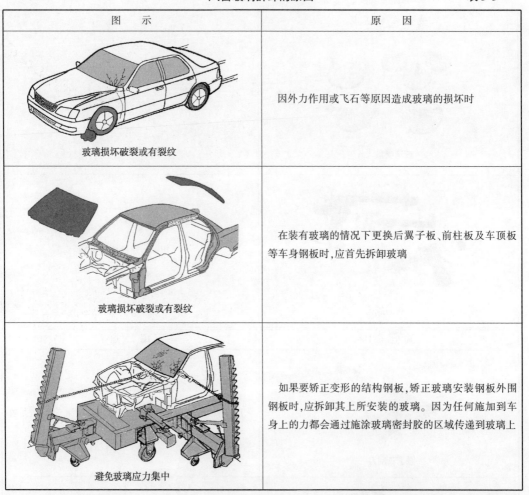

图　示	原　因
玻璃损坏破裂或有裂纹	因外力作用或飞石等原因造成玻璃的损坏时
玻璃损坏破裂或有裂纹	在装有玻璃的情况下更换后翼子板、前柱板及车顶板等车身钢板时,应首先拆卸玻璃
避免玻璃应力集中	如果要矫正变形的结构钢板,矫正玻璃安装钢板外围钢板时,应拆卸其上所安装的玻璃。因为任何施加到车身上的力都会通过施涂玻璃密封胶的区域传递到玻璃上

注:特定型号汽车的风窗玻璃拆卸和安装的步骤,在该型号汽车的维修手册中均有描述,拆卸和重新安装玻璃前,请参考维修手册。

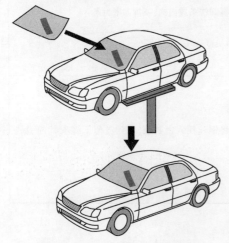

图 5-5　拆卸和重新安装的注意事项

(七) 轿车前风窗玻璃拆装注意事项

拆装玻璃前,应确保车辆正常停在地面。当车辆没有正常停在地面上时,请勿将玻璃安装到车身上(例如,当车身被举升器固定或置于车架校正器上时,车身会产生弹性变形)。因为,当车身被正常放置于地面上时,车身释放其弹性变形的过程中,会对玻璃施加弹性应力,导致玻璃破裂,如图 5-5 所示。

(八) 密封胶黏合风窗玻璃的拆装流程

玻璃拆、装程序根据玻璃及饰条安装结构的不同而不同。首先确认要拆卸的玻璃及饰条的安装结构、饰条类型,然后决定适用于该玻璃及饰条安装结构的步骤,并按照表5-6中给出的步骤进行操作。

密封胶黏合风窗玻璃的拆装流程　　　　表5-6

项目	1 拆卸内部及外部部件	2 切割密封胶层	3 清除残余密封胶	4 施涂漆表面底漆	5 安装密封胶条	6 安装预安装型饰条	7 施涂玻璃底漆	8 施涂密封胶	9 安装玻璃	10 安装后安装型饰条
A	●	●	●	●	○		●	●	●	
B	●	●	●	●		●	●	●	●	
C	●	●	●	●			●	●	●	●
D	●	●	●	●	●		●	●	●	
E	●	●	●	●	○		●	●	●	

注:A:预安装内饰条型;B:预安装外饰条型;C:后安装型;D:夹条型;E:无饰条型。●:必须进行的操作;○:视情况而定。

二 任务实施

在一辆轿车上,以正确的拆装工艺对轿车的前风窗玻璃进行拆装,使其基本达到原有的技术要求,具体拆装过程见操作步骤。

❶ 准备工作

具体拆装工具及安全防护用品,见表5-4。

❷ 技术要求与注意事项

(1)技术要求:

①了解风窗玻璃的组成及作用。

②能正确描述风窗玻璃拆装的方法和工艺过程。

③会运用所学知识对不同类型的风窗玻璃进行正确的拆装。

(2)注意事项:

①操作过程中,应尽量避免拆装时划伤面漆。

②作业人员必须佩戴好必要的劳保用品,以免意外发生。

③拆装过程中,要特别注意掌握合适的力度,严禁野蛮操作而损坏零部件。

④安装好后,检查风窗玻璃的密封性能。

❸ 操作步骤

(1)拆卸步骤。

①拆除前风窗玻璃露水盖板、A柱内板、车顶内衬(必要时)、内视镜、密封胶饰条,如图5-6所示。

注意:

a.在拆除密封胶条时,应先用温度枪对玻璃密封胶条进行加热,使其软化再轻轻拉开。

b.拆卸前,应用油性笔标记好前风窗玻璃及密封条位置。

②标出玻璃和车身之间的安装位置(在胶带上画出安装线),如图5-7所示。

注意：首先粘上易于去除的胶带，例如遮蔽胶带，然后在上面粘上强力胶带，例如棉质胶带。

图 5-6　拆卸内外部饰件

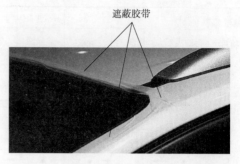

图 5-7　粘贴保护胶带

③拆卸前风窗玻璃前对翼子板、发动机罩、发动机、仪表板、驾驶室内部等部位时，应盖上保护胶垫进行安全防护，如图 5-8 所示。

④首先沿底部边缘切割，然后沿侧边切割，最后沿另一边切割，如图 5-9 所示。

注意：

a. 该操纵中使用的钢丝的长度为要切割的区域长度再加上 1m 左右。

b. 沿着玻璃外侧切开密封胶时，必须外层分成三部分。

图 5-8　保护胶垫

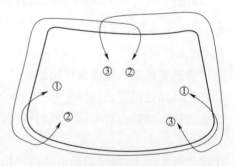

图 5-9　钢丝穿插位置

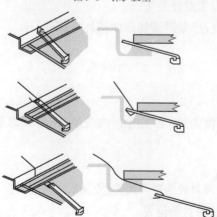

图 5-10　钢丝穿插方法

⑤建议使用专用维修工具（SST）将钢丝穿过密封胶，如图 5-10 所示。步骤如下：

a. 将专用维修工具按一定角度插入到密封胶中。

b. 将钢丝钩住专用维修工具的凹槽。

c. 用 SST 拉出钢丝使其穿过密封胶。

⑥在稍微高出玻璃拐角的部位，将钢丝一端从外向里插入密封胶中，如图 5-11 所示。

注意：

a. 在玻璃的另一拐角部位，以同样的方法将钢丝的另一端插入密封胶。

b. 确保在钢丝和玻璃密封胶之间没有阻碍物(没有任何夹条或车身钢板)。

⑦将钢丝两端连接到把手杆,如图 5-12 所示。

注意:

a. 适合使用没有棱角的圆形杆。

b. 可以把钢丝与要切割的整个区域的密封胶直接接触。在切割叠层玻璃密封胶时,应特别小心不要使钢丝剥离叠层。

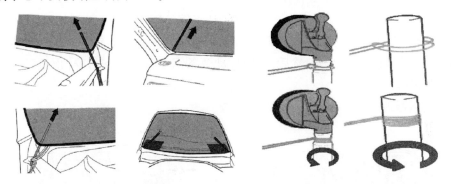

图 5-11　钢丝穿插部位　　　　　　图 5-12　钢丝固定方法

⑧切割玻璃密封胶时,只需拉拔钢丝的一端,如图 5-13b)所示。当已将该区域切开一半时,固定好拉拔的一端,然后在另一端拉拔。在钢丝和密封胶层之间保持锐角,如图 5-13d)所示。

注意:

a. 钢丝另一端必须固定。如果钢丝一端缠在玻璃吸盘杆上的话,则固定起来比较容易。

b. 钢丝必须与密封胶层保持锐角。

⑨将钢丝从玻璃下方拐角部位由外向内插入,如图 5-14 所示。

注意:

a. 将钢丝沿底部边缘切割密封胶后留下的空隙穿过。

b. 不可以将玻璃由内向外推开以增大空隙,否则可能会弄碎玻璃。

c. 在玻璃上边缘中部,将钢丝另一端从内向外穿过密封胶。

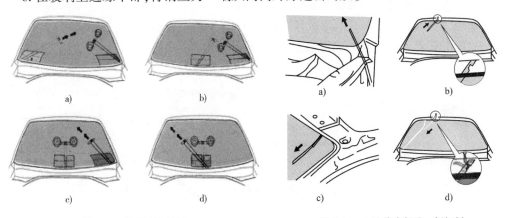

图 5-13　底部边缘切割　　　　　　图 5-14　上边缘中部及一侧切割

⑩从底部开始切割密封胶,然后沿侧边到上边缘一般位置进行切割,如图5-15所示。

注意:

a. 当切割玻璃密封胶时,只需拉拔钢丝的一端。

b. 钢丝另一端必须固定。

c. 如果钢丝一端已固定到玻璃吸盘杆上,则固定起来比较容易。

d. 钢丝必须与密封胶形成锐角。

e. 为避免钢丝接触到车身钢板凸起部位,请将钢丝压向玻璃上放置的保护板。

⑪如果在玻璃的上边缘有玻璃限位板(图5-16),则在两条钢丝接近玻璃限位板约50mm的位置将两条钢丝交叉,然后,来回拉动两条钢丝以切割密封胶(以每下约200mm的距离轻轻拉动)。

注意: 缓慢地来回拉动钢丝来切割密封胶。

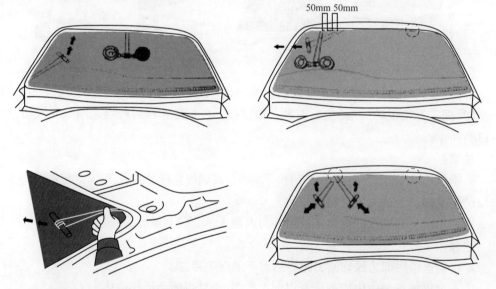

图5-15 另一侧及上边缘切割　　　　图5-16 有玻璃限位块的切割

⑫使用玻璃吸盘从车身拆下玻璃,如图5-17所示。

注意: 轻轻抬起玻璃,注意不要让玻璃与车身有任何的接触。

⑬拆下后将玻璃放在玻璃支架上,玻璃凹面向上,并使用玻璃吸盘牢牢固定,如图5-18所示。

图5-17 拆下玻璃

图5-18 玻璃放在玻璃支架上

(2)安装步骤。

①使用切割刀或垫片刮刀,刮去玻璃或车身上残余的密封胶,如图5-19所示。

注意:

a. 如果玻璃以前没有拆卸过,并且是在装配线上使用标准密封胶进行的安装,在清除密封胶时可留下约1mm薄薄的密封胶。

b. 如果以前已拆卸过,并且使用了未知类型的聚氨酯密封胶、丁基胶带或硅类密封胶进行了重新安装,则必须彻底清除密封胶。

图5-19 清除残余的黏合剂

②使用研磨机或相应的工具彻底清除烧熔的部分,如图5-20所示。

注意:如果部分残余密封胶在更换焊接钢板(例如更换前柱或后翼子板)期间已烧熔,则必须清除干净这个部位的密封胶。

③安装前检查定位标记,如图5-21所示。

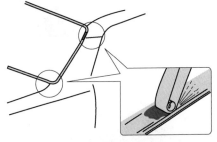

图5-20 使用研磨机清除烧熔部分

注意:涂胶前应将玻璃放到窗口定位,并做出准确安装位置的定位标记。虽然现在的风窗玻璃都是按车型统一的尺寸标准制造的,但也不排除有细微的误差。

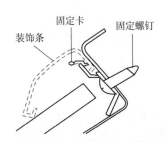
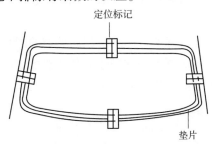

图5-21 安装前检查定位标记

④清洁钢板表面及周边区域,并擦去油污,如图5-22所示。

注意:在需要施涂玻璃密封胶的区域,沿车身方向涂抹油漆表面底漆(该漆随玻璃密封胶一同提供,或被指定配合玻璃密封胶一起使用)。

⑤将底漆施涂到裸露的钢板上,如图5-23所示。

注意:

a. 施涂底漆的区域必须与原来施涂底漆的区域基本一致。

b. 不要将油漆表面底漆施涂在要使用饰条覆盖的区域以外。

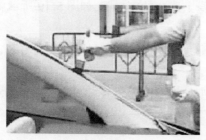

图 5-22　钢板清洁除油

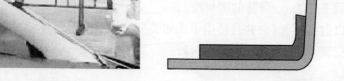

图 5-23　施涂底漆

⑥用玻璃专用清洁剂将玻璃边缘擦拭干净，如图 5-24 所示。

⑦使用双面胶带，以便将密封胶条固定到玻璃内表面，如图 5-25 所示。

注意：

a. 需粘贴胶带的方向应与胶带原来所粘贴的方向基本一致。

b. 胶带两端应在玻璃底部边缘的中心位置相接。

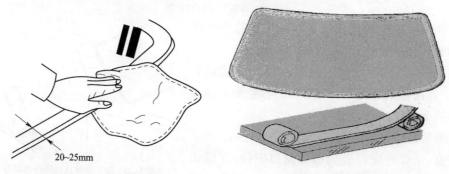

图 5-24　清洁玻璃边缘　　　　　图 5-25　粘贴双面胶

⑧沿着双面胶带的位置安装阻隔橡胶，如图 5-26 所示。

注意：

a. 密封胶条边缘的弯曲线应朝向玻璃的围缘（这样玻璃密封胶的密封性更好）。

b. 密封胶条的两端应在玻璃底部边缘的中心位置相接。

⑨沿玻璃边缘牢固地安装饰条，如图 5-27 所示。

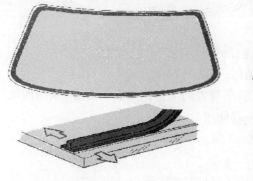

图 5-26　安装密封胶条

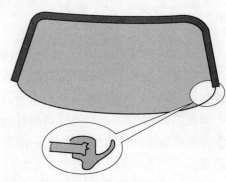

图 5-27　预安装饰条

注意：

a. 饰条应对称、笔直地安装到玻璃上。

b. 预安装内侧饰条的步骤与安装密封胶条的步骤基本相同。

⑩清洁要施涂底漆的表面及周边区域，并擦去油污，如图5-28所示。

⑪沿着玻璃上要涂抹密封胶的部位施涂玻璃底漆，如图5-29所示。

注意：

a. 施涂底漆的区域必须与原来施涂底漆的区域基本一致。

b. 将底漆均匀地施涂到玻璃边缘。

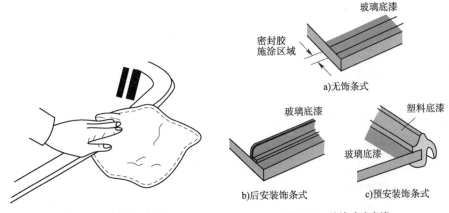

图5-28 玻璃表面清洁除油　　图5-29 施涂玻璃底漆

⑫分别在车身窗口和玻璃两处进行施涂玻璃密封胶，如图5-30所示。

注意：为了便于形成高3~4mm和宽4~5mm的涂胶轮廓，应使胶枪枪孔直径为5mm。

⑬拐角处的打胶，如图5-31所示。

注意：拐角处施涂密封胶时，需要成角度涂抹。

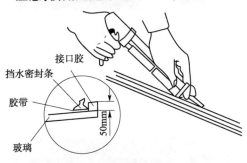

图5-30 施涂玻璃密封胶

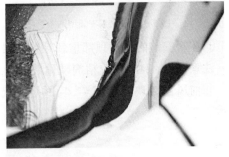

图5-31 拐角处的打胶

⑭安装玻璃到车身上，如图5-32所示。

注意：

a. 涂胶后的玻璃要按定位标记镶装到车窗上，用人工的力压平、压紧。

b. 用一只手拿住玻璃吸盘，另一只手从玻璃内侧托住玻璃。

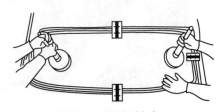

图5-32 安装玻璃到车身上

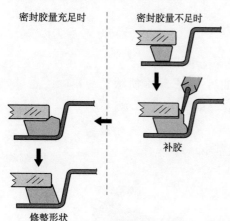

图 5-33　修整密封胶

⑮修整密封胶,如图 5-33 所示。

注意:

a. 当密封胶量充足时,使用刮刀压薄从玻璃边缘挤出的密封胶。

b. 如果看不到有挤出的密封胶,应立即补涂同种密封胶,然后修整形状。

c. 从车身凸缘底部沿直线压薄密封胶直到玻璃顶部边缘。

d. 修整玻璃密封胶使玻璃和密封胶之间完全没有间隙,以防止漏水。

e. 如果使用预安装的饰条,就无法从车辆外观察密封胶的接触情况。从驾驶室内查看,检查密封胶是否在车身和玻璃之间压缩时正常挤出。

⑯将饰条牢固地插入玻璃与车身凸缘之间的空隙中,如图 5-34 所示。

注意: 饰条应对称、笔直地安装到玻璃上。

⑰撕下之前用来定位和保护车身的胶带,如图 5-35 所示。

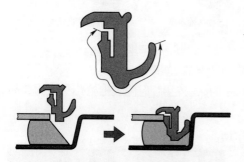

图 5-34　安装后安装型饰条

图 5-35　撕下保护胶带

⑱在新安装的玻璃顶部重新粘贴胶带,防止新玻璃的胶粘处进水,如图 5-36 所示。

注意: 保持 24h,待胶粘剂硬化后进行水密封试验。

⑲前风窗玻璃安装完毕,装回导水槽、刮水片、内视镜、内外饰条等部件,如图 5-37 所示。

图 5-36　粘贴新胶带防水

图 5-37　装回导水槽等部件

三 学习拓展

一辆丰田凯美瑞轿车因车顶受到严重碰撞,导致汽车天窗漏水,因此需对轿车天窗总成进行检修或更换,具体拆装方法见操作步骤。

(一)轿车天窗的结构

汽车天窗安装于车顶,能够有效地使车内空气流通,增加新鲜空气进入,为车主带来健康、舒适的享受。同时汽车车窗也可以开阔视野,也常用于移动摄影摄像的拍摄需求。

电动天窗主要由滑动机构、驱动机构、控制系统和开关等组成,如图5-38所示。

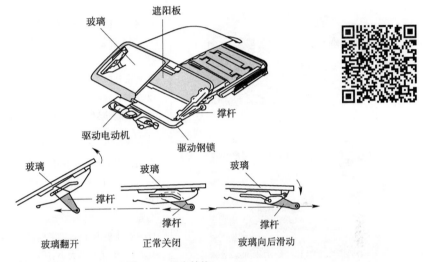

图5-38 天窗结构

电动天窗滑动机构主要由导向块、导向销、连杆、托架和前、后枕座等构成;驱动机构主要由电动机、传动机构和滑动螺杆等组成。

电动机通过传动装置向天窗的开闭提供动力,能双向转动,即通过改变电流的方向以改变电动机的旋转方向,实现天窗的开闭。

传动机构主要由蜗轮蜗杆传动机构、中间齿轮传动机构(主动中间齿轮、过渡中间齿轮)和驱动齿轮等组成。齿轮传动机构接受电动机的动力,改变旋转方向,并将动力传给滑动螺杆,使天窗实现开闭;同时又将动力传给凸轮,使凸轮触动限位开关进行开闭。主动中间齿轮与蜗轮固定在同一轴上,并与蜗轮同步转动;过渡中间齿轮与驱动齿轮固定在同一输出轴上,被主动中间齿轮驱动,使驱动齿轮带动玻璃开闭。

电动天窗的开关由控制开关和限位开关组成。控制开关主要包括滑动开关和斜升开关。滑动开关有滑动打开、滑动关闭和断开(中间位置)3个挡位。斜升开关也是有斜升、斜降和断开(中间位置)3个挡位。通过操作这些开关,令天窗驱动机构的电动机实现正反转,在不同状态下正常工作。

限位开关主要是用来检测天窗所处的位置。限位开关靠凸轮转动来实现断开和闭合。凸轮安装在驱动机构的动力输出端。当电动机将动力输出时,通过驱动齿轮和滑动螺杆减速以后带动凸轮转动，于是凸轮周边的凸起部位触动开关使其开闭，以实现对天窗的自动控制。

控制系统是一个数字控制电路，并设有定时器、蜂鸣器和继电器等，其作用是接受开关输入的信息，通过数字电路进行逻辑运算，确定继电器的动作，控制天窗开闭。

汽车天窗按驱动方式的不同可分为手动式和电动式，按开启方向不同可分为内藏式、外倾式和敞篷式等。手动天窗主要有外倾式和敞篷式，电动天窗主要有内藏式、外倾式，具体特点，见表5-7。

汽车天窗的类型及特点　　　　　　　　　表5-7

天窗类型	结构特点
 内藏式天窗	内藏式天窗指的是滑动总置于内饰与车顶之间的天窗，目前大部分轿车多采用内藏式天窗。 特点： ①天窗开口大，外形简洁美观。 ②在开启后可以保持不同的弧度，具有防夹功能和自动关闭功能，配有独立的内藏式太阳挡板
 外掀式天窗	此类天窗主要安装在中小型轿车上，分电动和手动两种形式，具有防夹功能和自动关闭功能，配有可拆式遮阳板。 特点： ①具有体积小、结构简单的优点。可以倾斜升高，打开一定角度，但是开口大小有限。 ②在开启后向车顶的外后方升起
 敞篷式天窗	特点： ①在开启后天窗完全打开，使用高品质的特殊材料组合而成，具有防紫外线隔热的效果。 ②密闭防尘效果略差于前两款天窗
全景天窗	全景天窗实际上是相对于普通天窗而言，首先面积较大，甚至是整块玻璃的车顶，坐在车中可以将上方的景象一览无余。 特点：视野开阔，通风良好

(二)任务实施

1 准备工作

(1)棘轮扳手、接杆、10号套筒。

(2)卡扣专用拆卸工具。

(3)一字螺丝刀(中、小号)、十字螺丝刀(中号)。

(4)常用两用扳手一套。

2 技术要求与注意事项

(1)技术要求:

①了解天窗总成的组成及作用。

②正确描述天窗总成拆装的方法和工艺过程。

③会运用所学知识对不同类型的天窗总成进行正确的拆装。

(2)注意事项:

①操作过程中,应尽量避免拆装时划伤面漆。

②作业人员必须佩戴好必要的劳保用品,以免发生意外。

③拆装过程中,要特别注意掌握合适的力度,禁止野蛮操作,损坏零部件,影响再次使用。

④安装好后,检查天窗的运作状态。

3 操作步骤

(1)拆卸步骤。

①拆除内顶棚,如图5-39所示(参照内顶棚的拆装)。

②用手抽出天窗两边的防尘橡胶条,如图5-40所示。

③用内芯扳手将天窗玻璃的4个螺钉拆除,如图5-41所示。

图5-39 拆除内顶棚

图5-40 抽出天窗两边的防尘橡胶条

图5-41 拆除天窗玻璃的4个螺钉

④拆除天窗玻璃螺钉后,站在前门开口处,一只手从车内向上托起玻璃的一端,另一只手在车顶方握住玻璃,将玻璃取下,如图5-42所示。

⑤拔下天窗落水管和天窗电动机插头,如图5-43所示。

注意:天窗落水管有4根,分布在天窗支架4个角落,拔下天窗落水管时,建议先用加热器将水管接头处加热。

图5-42　取下天窗玻璃　　　　图5-43　拔下天窗落水管和天窗电动机插头

⑥用一字螺丝刀,挑开车顶侧框防振板的卡扣,将其拆除,如图5-44所示。

注意:防振板有4节,左右各2节。

⑦拆除天窗支架的8个螺钉,如图5-45所示。

注意:

a. 拆除天窗支架需要两人合作。

b. 拆除一端螺钉后需一人托住,再拆卸另一端螺钉。

c. 不要擦伤车内饰。

图5-44　挑开车顶侧框防振板的卡扣　　　　图5-45　拆除天窗支架的8个螺钉

(2)安装步骤。

安装时以拆卸时相反的顺序进行。

四　评价与反馈

❶ 自我评价

(1)通过本学习任务的学习你是否已经知道以下问题:

①车身上哪些部位使用了胶粘剂/玻璃胶?

②聚氨酯型密封胶与硅酮密封胶剂有什么区别？

③车身上风窗玻璃有哪些固定方法？

④前风窗玻璃拆卸时应做好哪些安装防护？

⑤除用钢丝拆卸法拆卸前风窗玻璃还可采用哪些方法进行拆卸？

(2) 前风窗玻璃拆装操作过程中用到了哪些设备？

(3) 实训过程完成情况如何？

(4) 通过本学习任务的学习，你认为自己的知识和技能还有哪些欠缺？

签名：_____　　　　____年____月____日

❷ 小组评价（表5-8）

小组评价表　　　　　　　　　　　表5-8

序号	评价项目	评价情况
1	着装是否符合要求	
2	是否能合理规范地使用设备和工具	
3	是否按照安全和规范的流程操作	
4	是否遵守学习、实训场地的规章制度	
5	是否能保持学习、实训场地整洁	
6	团结协作情况	

参与评价的同学签名：_____　　　____年____月____日

❸ 教师评价

教师签名：_____　　　　____年____月____日

五、技能考核标准（表5-9）

风窗玻璃拆装技能考核表　　　　　表5-9

序号	项目	操作内容	规定分	评分标准	得分
1	作业前准备	工位整理 车辆检查	3分	酌情扣分	
2	安全防护	佩戴安全防护用品	2分	操作时穿戴工作服、工作帽	
			1分	操作时穿安全鞋	
			1分	操作时佩戴相应的手套	
3	工具使用情况	钢丝插入器	2分	正确使用钢丝插入器	
		钢丝	2分	正确使用钢丝	
		密封胶割刀	2分	正确使用密封胶割刀	
		密封胶枪	2分	正确使用密封胶枪	
4	拆卸过程	车身防护	8分	做好车身安全防护	
		附件拆卸	4分	正确拆卸各附件	
		安装位置标记	5分	正确标上安装位置标记	
		拆卸方法	4分	拆卸方法正确	
		取下风窗玻璃	2分	正确取下风窗玻璃	
		风窗玻璃摆放	2分	正确摆放风窗玻璃	
5	安装过程	窗框清理清洁	5分	正确清理清洁窗框	
		风窗玻璃清洁	5分	正确清洁风窗玻璃	
		清洁后不得触摸玻璃表面	5分	清洁后不得触摸玻璃表面	
		玻璃定位正确	5分	玻璃定位正确	
		清洁玻璃安装部位表面	5分	正确清洁玻璃安装部位表面	
		安装挡水胶条	5分	正确安装挡水胶条	
		涂抹玻璃底漆	5分	正确涂抹玻璃底漆	
		施涂玻璃密封胶	5分	正确施涂玻璃密封胶	
		将玻璃安装到窗框上	4分	正确将玻璃安装到窗框上	
		多余密封胶去除	4分	正确去除多余密封胶	
		安装饰条	2分	正确安装饰条	
6	质量检查	水压试验	10分	安装好后进行水压试验，应无渗水现象	
		合　　计	100分		

参考文献

[1] 钟文浩,李贤林.汽车车身结构与附件拆装[M].北京:高等教育出版社,2011.
[2] 袁杰.车身结构及附属设备[M].北京:人民交通出版社,2010.
[3] James E. Duffy,Robert Scharff.汽车车身维修技术[M].北京:高等教育出版社,2006.
[4] 宋年秀.图解汽车车身构造与拆装[M].北京:中国电力出版社,2007.
[5] 中国汽车维修行业协会.车身修复:模块F[M].北京:人民交通出版社.2008.
[6] 卢圣春.汽车钣金修整[M].北京:化学工业出版社,2008.